BEGINNER'S FINNISH

Hippocrene Beginner's Series

Arabic
Armenian
Assyrian
Basque
Bulgarian
Chinese
Czech
Dari (Persian)
Dutch
French
Gaelic
Greek
Hungarian
Irish
Italian
Japanese
Lithuanian
Maori
Norwegian
Persian
Polish
Romanian
Russian
Serbo-Croatian
Shona
Sicilian
Slovak
Spanish (Latin American)
Swedish
Turkish
Vietnamese
Welsh

BEGINNER'S FINNISH

Agi Risko

HIPPOCRENE BOOKS, INC.
New York

ISBN 0-7818-1024-8

For information, address:
Hippocrene Books, Inc.
171 Madison Avenue
New York, NY 10016

Cataloging in Publication Data available from the Library of Congress.

Book design and composition by Susan A. Ahlquist.

Printed in the United States of America.

To my mother,

who has always shared my ongoing

love affair with Finland.

TABLE OF CONTENTS

INTRODUCTION

So, you have decided to take a look at Finnish. Perhaps you are planning a trip to Finland and would like to learn a little of the language. Or, maybe you have just returned from there and feel frustrated at not having understood a word of what people were saying. Whatever the reason, you have picked up this book and are ready to give this beautiful, exotic language a try. Welcome.

This book will give you the tools for elementary communication in Finnish by providing an introduction to basic vocabulary and idioms, as well as grammatical structure. After completing the lessons, understanding the grammar and learning the vocabulary, you will have at your disposal over 600 Finnish words and expressions, and the ability to combine them to communicate on a lower intermediate level.

The material has been divided into twelve chapters. The dialogues follow two American students, who are visiting Helsinki for the first time, in order to improve their Finnish language skills. Their adventures and conversations with two Finnish friends present snapshots of the fabric of life in Helsinki and in Finland during summer.

The dialogues are followed by their English translations and a word-by-word vocabulary list. In addition, all words are included in the Finnish-English/English-Finnish glossary at the back of the book. This glossary contains only the specific meaning of a word as used in the chapters. Don't use the list as a general dictionary, but rather as a guide and aid to this particular text. Both nouns and verbs are in their basic forms. The numbers following nouns and adjectives refer to the inflectional groups, as listed in Appendix 1. The grammar section of each lesson provides an overview of the central structures and devices of Finnish. The explanations don't go into great detail. Rather, they give simple guidelines for understanding and using the main grammatical structures common in everyday communication. Each lesson ends with a series of exercises, the answers to which can be found at the back of the book. Appendix 2 contains the principal parts of all verbs that occur in the book.

Unlike students of Spanish, French or German, who discover that those languages share a large common vocabulary with English, you will find that Finnish words are strikingly different from those in English. There are not many words in everyday use that have been borrowed directly from English. Finnish is a *puristic* language, which means that it does not absorb foreign words readily; rather, it prefers to translate them. Therefore, plan on spending plenty of time working on vocabulary and memorizing words. This is always the cornerstone of successful communication, since vocabulary is the core of every language.

Short Overview of Finnish

Finland has approximately five million people. Of these, about 93% speak Finnish as their mother tongue. The country is bilingual, the other official language being Swedish, the native language of the minority (roughly 6% of the population). There is also a sizeable Finnish-speaking population in Sweden.

The origin of the Finnish people is not certain. Several competing theories try to answer questions about the uniqueness and isolation of the language and the origin of the people. Linguistically, it seems incontestable that Finnish is a member of the Finno-Ugric group and the larger Ural-Altaic language family. However, many scientists question the traditional theory, born in the mid-19th century, in which Finns are related to tribes living in the Altai Mountains of Siberia and in Mongolia. Archeological research supports a European anthropological origin, rather than the traditional theory of migration of Finnish tribes from Asia.

Whatever the origin of the people, it is clear that Finnish is a small island in a sea of Indo-European languages, with only Estonian as a close relative. Hungarian, another branch of the Finno-Ugric language tree, is traditionally thought to be related, but the connection is unrecognizable to anyone other than linguists.

Although the roots of spoken Finnish go back to the distant past, as a written language it is relatively young. The first written document, Bishop Agricola's translation of the New Testament, was produced in the mid-16th century. Modern Finnish was standardized in the 19th century as part of the movement for independent statehood.

1. Pronunciation

Finnish is a phonetic language, which means that there is a one-to-one correspondence between letters and sounds. A listener who doesn't speak the language can immediately make two observations: on one hand, there is a certain softness to it (due to the high proportion of vowels), but, on the other hand, it has a monotonous rhythm (due to the consistent stress on the first syllable of every word).

Grammatically, the defining feature of Finnish is its inflecting character. Suffixes and case endings are added to words to signal their grammatical function. The expression of complex grammatical relationships requires several suffixes. For this reason, Finnish words can get very long. If you have looked at a Finnish book or newspaper you no doubt have noticed that a text typically consists of a series of long words with no short words in between. The reasons for this are that Finnish lacks articles and prepositions and is very fond of compound nouns. Moreover, most words carry at least one, but often several suffixes. These suffixes fall into 15 groups, depending on their grammatical function and, by the time you have worked your way through this book, you will be familiar with most of them.

The Finnish alphabet consists of 21 letters.

8 vowels: A E I O U Y Ä Ö
13 consonants: D G H J K L M N P R S T V

The following letters are not part of the Finnish alphabet and can occur only in foreign words.

B C F Q W X Z

Pronunciation in Finnish is very consistent with the written form. Everything is pronounced the way it is written, and every letter is always pronounced in the same way. There are no silent letters. Study the list below to see how each individual letter is pronounced. All of the vowels and most of the consonants have both short and long variants. It is easy to tell them apart, because long sounds are indicated in writing by double letters. Altering the length of a sound can cause a substantial change in meaning. Therefore, it is very important to make a clear distinction between short and long sounds. Long sounds simply need to be articulated for more time, except in the case of p, t and k, where it is impossible. With these letters, you need to insert a short pause before pronouncing these sounds.

The examples below are meant to provide you with a rough approximation of how Finnish sounds are pronounced. Most sounds do not have an exact equivalent in English. The best way to learn pronunciation is to listen to native speakers and to try to imitate what you hear. If you don't have access to live speakers, the internet is a great resource. The website of the Finnish public radio station (Yleisradio) broadcasts their program 24 hours a day.

A	[a] as in:	shut
D	[d] as in:	dear
E	[e] as in:	left
G	[g] as in:	go
H	[h] as in:	home
I	[i] as in:	tea, but shorter
J	[j] as in:	you
K	[k] as in:	cat
L	[l] as in:	low
M	[m] as in:	most
N	[n] as in:	no
O	[o] as in:	like the sound right after the -n- in snow, but with rounded lips
P	[p] as in:	port
R	[r] as in:	no English equivalent, a rolled r
S	[s] as in:	seat – sheet (between s and sh)
T	[t] as in:	stop
U	[u] as in:	cool

V	[v] as in:	verb
Y	[y] as in:	bureau, but raise your tongue higher toward the roof of your mouth. You can also try the following: pronounce the sound [i], and while holding it, gradually round your lips. The end product should be [y].
Ä	[æ] as in:	that
Ö	[ø] as in:	stir (with rounded lips)
		This is a hard sound for English speakers. Try to say "e" like in bed, hold the sound while you round your lips. You'll be very close.

Finnish vowels can be combined in many different ways. If such combinations are in the same syllable, they are called diphthongs. They are not difficult, as they are pronounced the same as if they were two single vowels.

The main stress is always on the first syllable of every word. This is an absolute rule. Try to resist the temptation of stressing long vowels—a common mistake of English speakers. Sentence intonation is falling in both statements and questions.

There are two important phonetic rules in Finnish, one affecting vowels and the other consonants. Both of them impact the grammatical system on several different levels. Therefore, you need to be aware of them in order to understand certain regular patterns in the inflectional system. Read the following descriptions carefully, because reference will be made to them throughout the book.

1.1 Vowel Harmony

This rule requires that vowels within a word belong to the same group. Finnish vowels fall into two categories: back vowels (*a, o, u*) and front vowels (*ä, ö, y*), depending on where they are articulated in the mouth. Vowels from these two groups cannot be mixed within the same word. *E* and *i* are considered neutral, and therefore can occur in words with either group.

As mentioned above, Finnish makes use of suffixes to express grammatical relations. Many suffixes have both back vowel and front vowel variants. The choice between the two is governed by vowel harmony. Essentially, the vowels in the word stem determine the type of vowel in the suffix. The vowels in the suffix must be either of the same group as those in the stem or belong to the neutral set. This may sound complicated, but it is really quite simple. All you need to remember is that if the stem contains a back vowel, pick the back vowel variant of the suffix. Otherwise choose the front vowel variant. This will become much clearer as you progress through the grammar sections in the individual chapters.

1.2 Consonant Gradation

The structure of syllables, namely whether a syllable is open (ends in a vowel) or closed (ends in a consonant), plays an important role in Finnish. Typically, Finnish words end in an open syllable. However, the addition of a suffix may cause the final syllable to be closed. The open position is called strong grade, and the closed position is the weak grade.

The second important phonetic feature of Finnish, gradation, is directly related to syllable structure and is characteristic of the language. Gradation can be defined as the regular alternation of certain consonants between open and closed syllables. The main consonants affected by this are *p*, *t* and *k*, both in their short and long variants, as well as in combination with other consonants. The change happens in all classes of nouns, verbs, adjectives and pronouns.

For illustration, here are some of the most common cases of consonant gradation (exceptions are not included).

Strong grade	*Weak grade*	*Example*	
pp	p	kauppa (store)	kaupat (stores)
tt	t	matto (rug)	matot (rugs)
kk	k	kukka (flower)	kukat (flowers)
p	v	kipu (pain)	kivut (pains)
t	d	katu (street)	kadulla (on the street)
k	Ø (falls out)	lukea (to read)	luemme (we read)
nk	ng	Helsinki	Helsingissä (in Helsinki)
nt	nn	antaa (to give)	annan (I give)
lt	ll	silta (bridge)	sillalla (on the bridge)
rt	rr	piirtää (to draw)	piirrän (I draw)
mp	mm	ampua (to shoot)	ammut (you shoot)

2. How to Use the Appendices

Appendix 1 lists the main types of Finnish nominals (nouns and adjectives), grouped into 32 categories. For each category, several cases are listed with the appropriate suffixes. They are meant to serve as a tool while learning the necessary case forms. This table will help you identify the different inflectional categories and see their different forms. When you come across a new noun or adjective in the text, look it up in the glossary at the back of the book. The number identifies the appropriate inflectional group in the table in Appendix 1. When you learn a new word, try to memorize the principal parts. It will save you a lot of time and effort later. Learn the "trick" for each group, as well as to which group each new word belongs. In this way, you will come to know the principal parts of new words immediately. With time, you also will develop the skill to identify by analogy the inflectional group of new words which you encounter during your future studies of Finnish.

Appendix 2 lists the principal parts of the verbs which occur in the textbook. Again, it is a good idea to try to memorize these forms so that during your later studies, it will be easier to identify the conjugational pattern that each newly learned verb follows.

I hope you will find learning Finnish to be an enjoyable experience. I wish you success in your Finnish language studies! That is: *Toivotan sinulle menestystä suomen kielen opinnoillesi!*

KAPPALE 1

LESSON 1

KESKUSTELU

Tutustuminen

Amerikkalaiset opiskelijat Nancy ja John saapuvat Helsinki-Vantaan lentokentälle. Suomalaiset isännät Mikko ja Pekka ovat vastassa.

MIKKO: Tässä he tulevat!

PEKKA: Hei! Tervetuloa Suomeen! Minä olen Pekka, ja tässa on Mikko.

NANCY: Hei! Minä olen Nancy. Hauska tutustua.

JOHN: Ja minä olen John. Olen amerikkalainen opiskelija.

MIKKO: Terve John. Oikein hauska tutustua.

JOHN: Puhutteko te englantia?

PEKKA: Kyllä, puhumme englantia ja myös ranskaa, mutta tänään puhumme vain suomea.

JOHN: Mutta minä puhun vain vähän suomea.

MIKKO: Sinä puhut oikein hyvin. Ymmärrätkö kun minä puhun?

JOHN: Ymmärrän hyvin.

MIKKO: Kiva.

DIALOGUE

Getting to Know Each Other

American students Nancy and John are arriving at the Helsinki-Vantaa airport. Their Finnish hosts Mikko and Pekka are waiting for them.

MIKKO: Here they come!

PEKKA: Hi! Welcome to Finland. I am Pekka and here is Mikko.

NANCY: Hi! I am Nancy. Nice to meet you.

JOHN: And I am John. I am an American student.

MIKKO: Hello John. Very nice to meet you.

JOHN: Do you guys speak English?

PEKKA: Yes, we speak English and also French, but today we are speaking only Finnish.

JOHN: But I speak only a little Finnish.

MIKKO: You speak very well. Do you understand when I speak?

JOHN: I understand it well.

MIKKO: Great!

NANCY: Oletko sinäkin opiskelija?

MIKKO: Kyllä, minä olen opiskelija. Mutta Pekka on työssä. Hän on insinööri.

NANCY: Mitä sinä opiskelet?

MIKKO: Opiskelen historiaa Helsingin Yliopistossa. Entä sinä ja John? Missä te opiskelette?

JOHN: Me opiskelemme New Yorkissa.

PEKKA: New York on varmasti kiva kaupunki.

NANCY: Niin on.

MIKKO: Ovatko kaikki matkalaukut tässä?

NANCY: Kyllä ovat. Yksi punainen ja yksi musta laukku.

PEKKA: Tässä lukee "John Green," ja tuossa lukee "Nancy Brown." Aivan oikein.

MIKKO: Lähdetään nyt.

JOHN: Missä auto on?

PEKKA: Auto on valitettavasti rikki. Menemme bussilla. Tässä on bussi. Se menee keskustaan.

NANCY: Paljonko bussilippu maksaa?

PEKKA: Se maksaa kymmenen euroa.

NANCY: Are you a student too?

MIKKO: Yes, I am a student. But Pekka works. He is an engineer.

NANCY: What do you study?

MIKKO: I study history at the University of Helsinki. And how about you and John? Where do you study?

JOHN: We study in New York.

PEKKA: New York is certainly a great city.

NANCY: Indeed it is.

MIKKO: Are all the suitcases here?

NANCY: Yes, they are. One red and one black suitcase.

PEKKA: Here it says "John Green," and there it says "Nancy Brown." Very well.

MIKKO: Let's leave now.

JOHN: Where is the car?

PEKKA: Unfortunately, the car is broken. We are going by bus. Here is the bus. It goes downtown.

NANCY: How much does the bus ticket cost?

PEKKA: It costs ten euros.

Nancy katsoo ulos.

NANCY: Helsinki on ihana kaupunki! Kaikki on niin vihreää!

MIKKO: Kyllä. Helsinki on oikein mukava kesäkaupunki.

NANCY: Mikä tuo iso rakennus on?

MIKKO: Se on rautatieasema.

JOHN: Missä asunto on?

PEKKA: Keskustassa. Se on oikein mukava pieni kaksio.

NANCY: Missä te asutte?

MIKKO: Me asumme ihan lähellä lyhyen kävelymatkan päässä.

PEKKA: Nähdään huomenna.

NANCY: Kiitos kaikesta. Hyvää yötä.

KAIKKI: Hei-hei!

Nancy looks out.

NANCY: Helsinki is a wonderful city! Everything is so green!

MIKKO: Yes, Helsinki is a very pleasant summer city.

NANCY: What is that big building?

MIKKO: It is the railway station.

JOHN: Where is the apartment?

PEKKA: Downtown. It is a very pleasant, small two-room apartment.

NANCY: Where do you live?

MIKKO: We live very close, within a short walk.

PEKKA: We'll see you tomorrow.

NANCY: Thank you for everything. Good night.

EVERYONE: Bye-bye.

VOCABULARY

kappale	chapter
keskustelu	dialogue, conversation
tutustuminen	getting to know each other
tässä	here
he	they
tulla	to come
hei	hi
tervetuloa	welcome
Suomi	Finland
minä	I
olla	to be
ja	and
amerikkalainen	American
opiskeilja	student
terve	hello
oikein	very
puhua	to speak
te	you (plural)
englanti	English (language)
kyllä	yes
myös	also
ranska	French (language)
mutta	but
tänään	today
vain	only
suomi	Finnish (language)
vähän	a little
sinä	you (singular)
hyvin	well, quite
ymmärtää	to understand
kun	when

kiva	great
työ	work
insinööri	engineer
historia	history
Helsingin Yliopisto	University of Helsinki
entä	and (at the beginning of a question), what about...?
varmasti	surely, certainly
kaupunki	city
niin	yes, so
kaikki	all, everything
matkalaukku	suitcase, luggage
yksi	one
punainen	red
musta	black
laukku	bag, suitcase
lukea	to read
tuossa	there
aivan	very
nyt	now
missä	where
auto	car
valitettavasti	unfortunately
rikki	broken
mennä	to go
bussi	bus
se	it
keskusta	downtown
paljonko	how much?
maksaa	to cost
kymmenen	ten
euro	euro (European currency unit)
katsoa	to look
ulos	out
ihana	wonderful

vihreä	green
mukava	pleasant
kesä	summer
mikä	what
tuo	that
iso	big
rakennus	building
rautatieasema	railway station
asunto	apartment
pieni	small
kaksio	two-room apartment
asua	to live, to reside
ihan	very
lähellä	nearby
lyhyt	short
kävelymatka	walk
kiitos	thank you

USEFUL EXPRESSIONS

Tervetuloa Suomeen.	Welcome to Finland.
Hauska tutustua.	Nice to meet you.
Ymmärrätkö?	Do you understand?
olla työssä	to be working, to be employed
aivan oikein	quite alright, very good, very well
Lähdetään!	Let's go!
bussilla	by bus
keskustaan	(to) downtown
Paljonko ... maksaa?	How much does ... cost?
lyhyen kävelymatkan päässä	within a short walk
Nähdään huomenna.	See you tomorrow.
Kiitos kaikesta.	Thank you for everything.
Hyvää yötä.	Good night.
Hei-hei.	Bye-bye.

GRAMMAR

1. Personal Pronouns

The subject of a sentence is often expressed with the help of subject pronouns, which are as follows:

minä	I
sinä	you *sing.*
hän, se	s/he, it
me	we
te	you *informal pl. and formal sing. and pl.*
he	they

As you can see, there are two words for 'you.' *Sinä* is used to address one person in an informal manner, e.g., when talking to family, friends, close acquaintances, children or young people. *Te* has several uses: it is used when talking to more than one person in an informal manner, as well as for more formal discourse, e.g., when talking to strangers or people to whom the speaker wants to show respect, in both the singular and plural. Notice that there is no difference between she and he, both are expressed by *hän*. An inanimate subject is expressed by the pronoun *se*. However, *se* also is used for referring to people in colloquial speech. If you have studied Germanic, Romance or Slavic languages, you will appreciate the fact that Finnish has no grammatical gender.

2. Verb Conjugation

Finnish verbs are in close agreement with the subject of the sentence. This means that verbs will take on different personal endings depending on who or what the subject is. Therefore, unless they carry special emphasis, the pronouns *minä*, *sinä*, *me* and *te* typically are omitted in written Finnish, because the form of the verb clearly indicates about whom the speaker is talking. The pronouns are used commonly in spoken discourse, but *minä* and *sinä* are abbreviated to *mä* and *sä*.

In the glossary, you will find the basic (infinitive) form of every Finnish verb. In order to conjugate the verb in accordance with the subject, you have to follow the same procedure every time. First, you must locate the verb stem by detaching the ending of the infinitive. Then, you must add the appropriate personal ending required by the subject. To do this, you must learn to recognize infinitive endings, listed below. The two variants in each group are due to vowel harmony (see page 7).

Finnish verbs fall into four main groups, established on the basis of their infinitive.

Group	*Infinitive ending*	*Example*	*Stem*
I.	-a/-ä	puhua (to speak)	puhu-
II.	-da/-dä	saada (to get)	saa-
III.	-ta/-tä	haluta (to want)	halu-
IV.	-la/-lä, -na/-nä, -ra/-rä	tulla (to come)	tul-

Personal endings are added directly to the stems of Groups I and II verbs. In verbs belonging to Groups III and IV, an additional linking vowel (*-a/-ä* in Group III, *-e* in Group IV) is required before the actual ending.

The examples below illustrate the present tense of verbs in the different groups. For the sake of clarity, the personal endings (and the linking vowels in Groups III and IV) are separated by a hyphen from the infinitive stem.

Group I: puhua *to speak*

(minä) puhu-n	I speak	(me) puhu-mme	we speak
(sinä) puhu-t	you speak	(te) puhu-tte	you speak
hän puhu-u	s/he speaks	he puhu-vat	they speak

Group II: syödä *to eat*

(minä) syö-n	I eat	(me) syö-mme	we eat
(sinä) syö-t	you eat	(te) syö-tte	you eat
hän syö-	s/he eats	he syö-vät	they eat

Group III: haluta *to want*

(minä) halu-a-n	I want	(me) halu-a-mme	we want
(sinä) halu-a-t	you want	(te) halu-a-tte	you want
hän halu-a-a	s/he wants	he halu-a-vat	they want

Group IV: tulla *to come*

(minä) tul-e-n	I come	(me) tul-e-mme	we come
(sinä) tul-e-t	you come	(te) tul-e-tte	you come
hän tul-e-e	s/he comes	he tul-e-vat	they come

The s/he form lacks a personal ending; instead, the last vowel of the stem is lengthened. If the stem ends in a long vowel or a diphthong, it remains unchanged.

The "they" suffix has two variants (*-vat/-vät*), the use of which is governed by vowel harmony.

The system of verb tenses in Finnish is quite simple when compared to English. Since there is only one present tense, the verb forms above can mean different things in different contexts.

For example, *puhun* means 'I speak,' 'I am speaking,' 'I do speak,' 'I shall speak' and 'I will be speaking.'

The verb olla *(to be)*

Below are the different present tense forms of the verb *'olla'* (to be). These forms are somewhat irregular. Since this is a very important and commonly used verb, it is a good idea to memorize them.

(minä) olen	I am
(sinä) olet	you are
hän on	s/he is
(me) olemme	we are
(te) olette	you are
he ovat	they are

The stem of this verb is *ole-*.

3. Asking and Answering Questions

When the sentence begins with a question word, the word order is the same as in statements (subject-verb):

Kuka sinä olet?	Who are you?
Missa asutte?	Where do you live?
Mitä opiskelet?	What are you studying?
Mikä tämä on?	What is this?

In yes or no questions, word order is reversed (verb-subject). The interrogative suffix *-ko* (or *-kö*) is attached to the particular word at which the question is directed. Generally, the verb is the first element in these types of sentences.

Puhuuko Peter suomea?	Does Peter speak Finnish?
Oletko (sinä) suomalainen?	Are you Finnish?
Asutteko (te) Helsingissä?	Do you (all) live in Helsinki?
Onko tämä auto?	Is this a car?

Short affirmative answers are typically given by repeating the verb. This may be combined with *kyllä* for more emphasis. A short answer also may consist of *kyllä* by itself.

Asutko Helsingissä?	Asun./Kyllä asun.
Puhutko englantia?	Puhun./Puhun kyllä.

In colloquial speech, you will often hear *joo* meaning 'yes.' It comes from Swedish, along with many Finnish colloquialisms and slang expressions.

4. The Inflection of Nouns[1]

In a Finnish dictionary, you will find the singular form of nouns. This is the basic form, used, with some exceptions, when the noun is the subject of the sentence. Finnish nouns have many different forms depending on their grammatical function in the sentence. Whereas grammatical relations in English commonly are expressed with the help of prepositions (*in* the house, *for* you, *at* the doctor's), Finnish uses suffixes, or case endings, attached to the stem of the noun. You will learn several of these suffixes in the following lessons. The difficulty is that suffixes cannot always attach to the basic form of the noun, but instead require that the noun undergo phonetic changes beforehand.

1. The same applies to adjectives as well. For simplicity, we will refer to nouns only in this explanation.

Consequently, suffixes can change the appearance of the noun radically, making it a little harder to find in the dictionary. But don't despair. These changes are, in most cases, very regular and predictable. Once you learn the main rules that govern them (see pages 7 to 8), it will seem like child's play. In addition, Appendix 1 lists the major inflectional types of nouns and their different stems. When you learn a new noun, you also should learn its principal forms, which determine to which inflectional group the noun belongs. In the glossary at the end of this book, the number after every noun indicates the inflectional group.

5. Suffixes

5.1 Case Suffixes (Preview)

In the following chapters, you will get to know the most common Finnish case suffixes. Here is a little sample to show how they work. One of the so-called local suffixes is *-ssa* (*-ssä*), which is used primarily to express that something is located in, at or inside of something or someplace.

Asun kesustassa. (keskusta + -ssa)	I live downtown.
Opiskelen Suomessa. (Suomi + -ssa)	I study in Finland.
Olen työssä yliopistossa. (yliopisto + -ssa)	I work at the university.

5.2 The Suffix **-lainen/-läinen**

This suffix is most commonly used to form adjectives from place names to express that someone or something comes from a certain place. The resulting adjective is never capitalized.

Amerikka (America)	amerikkalainen (American)
Englanti (England)	englantilainen (English)
Ranska (France)	ranskalainen (French)
Helsinki	helsinkiläinen (someone or something from or in Helsinki)
Tukholma (Stockholm)	tukholmalainen (someone or something from or in Stockholm)

This suffix is not used to designate the language of a country!

suomi or suomenkieli	Finnish (language)
ranska or ranskankieli	French (language)

5.3 The **-kin** *suffix*

This particle means *also* and is attached to the word to which it refers.

Minäkin olen opiskelija.	I am also a student.
Puhun englantiakin.	I also speak English.

6. Numbers

The numbers from 1–10 are as follows:

1	yksi	6	kuusi
2	kaksi	7	seitsemän
3	kolme	8	kahdeksan
4	neljä	9	yhdeksän
5	viisi	10	kymmenen

For numbers between 11 and 19, add the suffix *-toista*:

11	yksitoista
12	kaksitoista, etc...

Numbers between 20 and 99 are formed with the help of the suffix *-kymmentä* as follows:

21	kaksi + kymmentä + yksi = kaksikymmentäyksi
57	viisi + kymmentä + seitsemän = viisikymmentäseitsemän
98	yhdeksän + kymmentä + kahdeksan = yhdcksänkymmentäkahdeksan

100	sata
1000	tuhat
1000000	miljoona

No matter how long they are, numbers are always written as one word.

156	sataviisikymmentäkuusi
1342	tuhatkolmesataaneljäkymmentäkaksi

Years always start with *tuhat* (or *kaksituhatta*). In Finnish, you cannot say 'nineteen(hundred) fifty', you must say 'one thousand nine hundred fifty':

1950	tuhatyhdeksänsataaviisikymmentä

HARJOITUKSIA

(Exercises)

1. Write out the following numbers in Finnish:

250

35

19

1476

804

2. Refer to the dialogue and fill in the missing words:

Oikein _______________ tutustua.

Minä _______________ vain vähän suomea.

Tänään puhumme vain _______________.

Opiskelen historiaa Helsingin _______________.

Paljonko bussilippu _______________?

Helsinki on ihana _______________.

3. What would you say in Finnish in the following situations?

   You want to greet your Finnish friend.

   You want to say good-bye.

   You need to introduce yourself.

   You would like to know where Mikko lives.

   You are curious to know whether he is studying English.

   You want to compliment his English skills.

   You have just made a new acquaintance.

   You want to know how much the bus ticket costs.

   You want to wish someone good night.

   You want to welcome your Finnish friends.

4. Change the subject of the following sentences as indicated:

Asun keskustassa.	(me)
Olet opiskelija.	(minä)
Pekka puhuu ranskaa.	(he)
Menemmekö bussilla?	(sinä)
Puhutko englantia?	(te)

5. Respond to the following questions in Finnish:

   Kuka sinä olet?

   Puhutko hyvin englantia?

   Missä asut?

   Oletko opiskelija?

   Mitä opiskelet?

   Ymmärrätkö englantia?

   Oletko työssä?

6. Say and write it in Finnish:

   Who are you? I am ...

   I live in New York and study Finnish at the university.

   Are you an engineer?

   I am American but I speak Finnish well.

   Do you work in Espoo?

   I understand.

   Nice to meet you.

KAPPALE 2

LESSON 2

KESKUSTELU

Kaupungilla

Mikko, Pekka, Nancy ja John kävelevät kaupungilla ja käyvät ostoksilla Stockmannin tavaratalossa. Siellä he tapaavat Pekan siskon Leenan.

MIKKO: Hyvää huomenta! Nukuitteko hyvin?

NANCY: Erittäin hyvin, kiitos.

PEKKA: Onko asunto mukava?

NANCY: On. Hyvin mukava ja kaunis.

PEKKA: Eikö se ole liian pieni?

NANCY: Ei ole. Asunnon koko on juuri sopiva.

JOHN: Ja myös asunnon vuokra on edullinen.

Stockmannin tavaratalossa.

JOHN: Ostammeko suomen kielen oppikirjan?

NANCY: Kyllä. Tarvitsen myös Suomen kartan.

MIKKO: Tässä on oppikirja ja tuossa on kartta.

JOHN: Paljonko kirja maksaa?

MIKKO: Kirjan hinta on kolmekymmentäviisi euroa. Se on kyllä aika kallis.

DIALOGUE

In the City.

Mikko, Pekka, Nancy and John are walking downtown and are going shopping in the Stockmann department store. There they meet Pekka's sister, Leena.

MIKKO: Good morning! Did you sleep well?

NANCY: Very well, thank you.

PEKKA: Is the apartment comfortable?

NANCY: Yes, it is. Very comfortable and pretty.

PEKKA: Isn't it too small?

NANCY: No. The size of the apartment is just right.

JOHN: And the rent of the apartment is also inexpensive.

In Stockmann's department store.

JOHN: Shall we buy a Finnish language textbook?

NANCY: Yes. I also need a map of Finland.

MIKKO: Here is the textbook and there is the map.

JOHN: How much does the book cost?

MIKKO: The price of the book is thirty-five euros. It is quite expensive.

NANCY: Ei voi mitään.

PEKKA: Haluatteko ostaa myös Helsingin kartan?

MIKKO: Ei tarvitse. Tässä on ilmainen turistikartta.

MIKKO: Tässä tulee Leena. Hän on Pekan sisko. Hän asuu ihan lähellä, taidemuseon vieressä.

PEKKA: Hei Leena! Mitä kuuluu?

LEENA: Kiitos hyvää.

NANCY: Kenen koira tämä on?

MIKKO: Tämä on Leenan koira.

JOHN: Mikä koiran nimi on?

MIKKO: Koiran nimi on Peni. Hän on Leenan hyvä kaveri.

PEKKA: Milloin alkaa suomen kielen oppitunti?

NANCY: Kello neljä.

PEKKA: Mitä teette tunnin jälkeen?

NANCY: Emme vielä tiedä. Ehkä menemme elokuviin. Tai kävelemme keskustassa.

MIKKO: Me menemme Leenan kanssa syömään.

NANCY: Can't help it.

PEKKA: Do you also want to buy a map of Helsinki?

MIKKO: It isn't necessary. Here is a free tourist map.

MIKKO: Here comes Leena. She is Pekka's sister. She lives very close, next to the art museum.

PEKKA: Hi Leena, what's up?

LEENA: Everything is fine, thanks.

NANCY: Whose dog is this?

MIKKO: This is Leena's dog.

JOHN: What is the dog's name?

MIKKO: The dog's name is Peni. He is Leena's buddy.

PEKKA: When does the Finnish language lesson start?

NANCY: At four o'clock.

PEKKA: What are you doing after class?

NANCY: We don't know yet. Perhaps we'll go to the movies. Or we'll walk around downtown.

MIKKO: We are going to eat with Leena.

JOHN: No, sitten hauskaa iltapäivää.

PEKKA: Kiitos. Huomiseen.

KAIKKI: Moi-moi.

JOHN: Well then, have a nice afternoon.

PEKKA: Thanks. See you tomorrow.

EVERYONE: Bye-bye.

VOCABULARY

kävellä	to walk
erittäin	extremely
kaunis	pretty, beautiful
liian	too (as in 'too much')
koko	size
juuri	just
sopiva	suitable
vuokra	rent
edullinen	inexpensive
tavaratalo	department store
ostaa	to buy
suomen kieli	Finnish language
kieli	language
oppikirja	textbook
tarvita	to need
kartta	map
kirja	book
hinta	price
aika	rather
kallis	expensive
haluta	to want
ilmainen	free
turistikartta	tourist map
sisko	sister
taidemuseo	art museum
vieressä	next to
hyvä	good
kenen	whose
koira	dog
nimi	name
kaveri	buddy

milloin	when
alkaa	to begin
(oppi)tunti	lesson, class
jälkeen	after
vielä	yet, still
tietää	to know
ehkä	perhaps
tai	or
kanssa	with
no	well
sitten	then
hauska	pleasant
iltapäivä	afternoon

USEFUL EXPRESSIONS

kaupungilla	in the city
Hyvää huomenta.	Good morning.
Nukuitteko hyvin?	Did you sleep well?
Ei voi mitään.	Can't help it.
Mitä kuuluu?	What's up?, What's happening?
kello neljä	at four o'clock
Mitä teette?	What are you doing?
Menemme elokuviin.	We'll go to the movies.
Menemme syömään.	We are going to eat.
Hauskaa iltapäivää.	Have a nice afternoon.
Huomiseen.	See you tomorrow.
Moi-moi.	Bye-bye.

GRAMMAR

1. The Genitive Case

The genitive singular is the second of the principal parts of nouns and is marked by the suffix *-n*. Grammatically, this is a very significant form, because, by removing the suffix, you can find the word stem. This stem is used when attaching many of the case suffixes. Therefore, it is very important to memorize this form, along with the basic form, every time you learn a new noun or adjective.

The genitive is the case of possession. Its primary meaning is the expression of ownership i.e., that something belongs to or is part of something or someone. In genitive constructions, the possessor always (with the exception of poetic language) precedes the thing possessed and carries the suffix *-n*. Since there must be grammatical agreement, any pronouns and adjectives within the noun phrase also will require the genitive suffix.

Marjan asunto	Marja's apartment
Vanhan talon ovi	The door of the old house
Tämän nuoren naisen nimi	This young woman's name
Kenen koira tämä on?	Whose dog is this?

The noun stem that remains after removal of the *-n* suffix is not necessarily different from the basic nominative form. However, since the suffix closes an open syllable, the genitive stem is affected by consonant gradation (see pages 7 to 8).

(Pekka)	Pekan asunto	Pekka's apartment
(Helsinki)	Helsingin keskusta	the downtown (center) of Helsinki

(kartta)	kartan hinta	the price of the map
(asunto)	asunnon vuokra	the rent of the apartment

When the *-n* suffix is added to foreign words or names that end in a consonant, a linking *-i-* is inserted:

Johnin kirja	John's book
New Yorkin kaupunki	the city of New York

The question is, of course, how to figure out the genitive stem by looking at a noun. It is not always immediately obvious. However, with time and practice, you will learn to recognize the major stem types and to take good educated guesses even in the case of nouns that you have never seen before. In the vocabulary lists, the number following every noun indicates to which major type that particular noun belongs. By looking up new nouns in Appendix 1, you quickly will develop the skill of recognizing how a noun fits into one of the inflectional groups.

1.1 Nouns Ending in -i-

Nouns ending in *-i* are tricky. In some, the stem itself ends in *-i*; in others it changes to *-e*. The different possibilities are listed in Appendix 1. The best thing is to refer to the appendix when you are learning a new noun. Foreign words and words longer than two syllables do not undergo a stem change, but two-syllable nouns ending in *-i* can go either way.

Nominative	*Genitive*	*Meaning*
pankki	pankin	bank
banaani	banaanin	banana
meloni	melonin	melon

But:

nimi	nimen	name
kieli	kielen	language
Suomi	Suomen	Finland

In each case, the genitive form provides the stem.

1.2 Postpositions with the Genitive Case

Postpositions are used to indicate spatial, temporal, or other conceptual relationships in the sentence and represent an alternative grammatical solution to suffixes. Several postpositions require the preceding noun to be in the genitive case. Look at these examples from the dialogue.

museon vieressä	next to the museum
oppitunnin jälkeen	after class
Leenan kanssa	with Leena

Other commonly used genitive postpositions are:

lähellä	Helsingin lähellä	in the vicinity of Helsinki
edessä	aseman edessä	in front of the station
takana	talon takana	behind the house
alla	pöydän alla	under the table
takia	koiran takia	because of the dog

1.3 Genitive Form of Pronouns

Pronouns must be in the same grammatical case as the noun and the adjective that they precede or replace. Several pronouns have irregular forms and unpredictable stem changes, but the rule is essentially the same as for nouns. You just need to attach the appropriate suffix to the stem. In the following chapters, you will get acquainted with the most commonly used pronouns. Here are the nominative and genitive forms of some of them.

Nominative	***Genitive***	***Meaning***
tämä	tämän	this
tuo	tuon	that
se	sen	it
mikä	minkä	what
kuka	kenen	who

Notice that in the case of *mikä*, the genitive marker -*n* appears in the middle of the word, whereas *kuka* changes almost beyond recognition.

The stems of personal pronouns, to which most case endings are added, are as follows:

minu- / sinu- / häne- / mei- / tei- / hei-

The formation of genitive constructions using these pronouns (e.g., *my dog* or *our house*) will be discussed in lesson 8.

1.4 Special Use of the Genitive Case

The genitive -*n* ending also is used to denote the direct object when it is a countable noun:

Ostan kirjan.	I am buying a book.
Näen Pekan.	I see Pekka.

2. Negation

Saying 'no' in Finnish is a bit more involved than saying 'yes.' The negative particle *ei* is, in essence, a verb that must be conjugated to agree with the subject. This means that it will take on different forms depending on who or what is negated. It is combined with the stem of the main verb, which provides the meaning. The following examples illustrate the conjugation and usage of the negative verb *ei*.

(Minä)	**en**	puhu englantia.	I don't speak English.
(Sinä)	**et**	opiskele.	You are not studying.
Hän	**ei**	asu Helsingissä.	S/he does not live in Helsinki.
(Me)	**emme**	syö.	We are not eating.
(Te)	**ette**	tule.	You (all) are not coming.
He	**eivät**	ole täällä.	They are not here.

A short negative answer to a question consists of the appropriate form of the negation verb. The stem of the main verb may also be added to it.

Puhutko englantia? (Do you speak English?)	En. / En puhu. (No. I don't speak [English].)
Asutteko Espoossa? (Do you [all] live in Espoo?)	Emme. / Emme asu. (No. We don't live [in Espoo].)
Onko kirja uusi? (Is the book new?)	Ei. / Ei ole. (No. It is not.)

3. The Verb *tarvita* (to need)

Verbs ending in *-ita/-itä* form a relatively small subset of Group III. Their stem (the part remaining after detaching the infinitive suffix) is extended by the *-tse-* suffix before the personal endings.

(minä) tarvi-tse-n	I need	(me) tarvi-tse-mme	we need
(sinä) tarvi-tse-t	you need	(te) tarvi-tse-tte	you need
hän tarvi-tse-e	s/he needs	he tarvi-tse-vat	they need

4. The Irregular Verbs *tehdä* (to do) and *nähdä* (to see)

Tehdä and *nähdä* have an irregular conjugational pattern. As these verbs are used commonly, these forms are definitely worth memorizing. The stem ends in *-e-* and, in the third person singular and plural, it is extended by *-k-*.

(minä)	teen	I do	(me)	teemme	we do
	näen	I see		näemme	we see
(sinä)	teet	you do	(te)	teette	you do
	näet	you see		näette	you see
hän	tekee	s/he does	he	tekevät	they do
	näkee	s/he sees		näkevät	they see

HARJOITUKSIA

(Exercises)

1. Form sentences according to the model:

Pekka / helsinkiläinen	Pekka on helsinkiläinen.
asunto / mukava	
kirja / uusi	
koira / pieni	
auto / rikki	
suomenkieli / hauska	

2. Combine the words into possessive constructions:

Pekka / asunto	Pekan asunto
Leena / koira	
koira / nimi	
Mikko / kirja	
auto / hinta	
Helsinki / kartta	
matkalaukku / koko	
suomi / kieli / oppitunti	

3. Give short affirmative answers to the following questions:

   Ostatko kirjan?

   Opiskeletko suomea?

   Onko asunto kaunis?

   Menettekö elokuviin?

   Onko kirja kallis?

   Asutteko keskustassa?

   Maksaako auto paljon?

4. Answer the questions based on the dialog:

   Paljonko suomen kielen oppikirja maksaa?

   Kuka on Leena?

   Missä Nancy ja John asuvat?

   Milloin alkaa suomen kielen oppitunti?

   Mitä he tekevät tunnin jälkeen?

   Mitä he ostavat kirjakaupassa?

   Paljonko Helsingin kartta maksaa?

   Mitä kuuluu?

5. Translate the following phrases into Finnish:

   Good morning!

   Have a nice afternoon!

   Can't help it.

   Did you sleep well?

   See you tomorrow.

   Hi, what's up?

6. Negate the following sentences. Keep the same subject:

   Asumme lähellä. Emme asu lähellä.

   Olen suomalainen.

   Nukutte hyvin.

   Kauppa on pieni.

   Pekka ja Mikko opiskelevat yliopistossa.

   Leena on mukava.

   Menemme bussilla.

   Koiran nimi on Pekka.

   Olen Pekan sisko.

KAPPALE 3

LESSON 3

KESKUSTELU

Iltaohjelma

Mikko, Nancy ja John suunnittelevat ohjelmaa lauantai illaksi. Mikko soittaa Nancylle.

Puhelin soi.

MIKKO: Mikko tässä.

NANCY: Hei Mikko!

MIKKO: Hei Nancy! Mitä kuuluu?

NANCY: Kiitos hyvää. Tänään on lauantai. Minkälaista iltaohjelmaa teille on?

MIKKO: Ei mitään erikoista.

NANCY: Kuule, taidemuseossa on pohjoismaalaisen nykytaiteen näyttely. Se on varmasti hyvin mielenkiintoinen.

MIKKO: Niin onkin. Minäkin haluan nähdä sen.

NANCY: Mennään sitten yhdessä.

MIKKO: Kiva. Ja museon jälkeen voimme mennä syömään.

NANCY: Selvä. Tavataan sitten museon edessä kello neljä. Haluatko jutella Johnin kanssa?

DIALOGUE

Evening Plans

Mikko, Nancy and John are making plans for Saturday evening. Mikko is calling Nancy on the phone.

The phone rings.

Mikko: Mikko speaking.

Nancy: Hi Mikko!

Mikko: Hi Nancy! How are you?

Nancy: Fine, thanks. Today is Saturday. What kind of evening plans do you guys have?

Mikko: Nothing special.

Nancy: Listen, in the art museum, there is an exhibit of modern Scandinavian art. It is surely very interesting.

Mikko: Yes it is. I also want to see it.

Nancy: Let's go together then.

Mikko: Great. And after the museum, we can go out to eat.

Nancy: That makes sense. Let's meet in front of the museum at four o'clock. Do you want to speak with John?

MIKKO: Haluan toki, pyydä hänet puhelimeen, ole hyvä.

NANCY: John, tule! Mikko soittaa.

JOHN: Terve, terve.

MIKKO: Moi John. Nancy ja minä juttelemme juuri iltaohjelmasta.

JOHN: Kerro siitä taidenäyttelystä.

MIKKO: En tiede siitä paljon mitään, mutta kaikki ihmiset puhuvat siitä.

JOHN: Minua kiinnostaa se kovasti. Paljonko lippu maksaa?

MIKKO: Tänään on vapaa pääsy. Onko teille lempiravintolaa Helsingissä?

JOHN: Ei oikeastaan ole. Mitä suosittelet?

MIKKO: Minusta Omenapuu on oikein kiva ravintola. Se on aivan museon vieressä. Minä pidän siitä kovasti.

JOHN: Minä tulen New Yorkista. Onko Helsingissä amerikkalaista ravintolaa?

MIKKO: Kyllä on, montakin. Mutta tänä iltana syödään suomalaisessa ravintolassa.

JOHN: Selvä juttu. Nähdään pian.

MIKKO: Moi-moi.

MIKKO: I certainly do. Please ask him to come to the phone.

NANCY: Come, John! Mikko is calling.

JOHN: Hello, hello.

MIKKO: Hi John. Nancy and I are just talking about the evening program.

JOHN: Tell me about that art exhibit.

MIKKO: I don't know much about it, but everyone is talking about it.

JOHN: I am very interested in it. How much does the ticket cost?

MIKKO: Today the entrance is free. Do you guys have a favorite restaurant in Helsinki?

JOHN: Not really. What do you recommend?

MIKKO: In my opinion, the Omenapuu is a very fine restaurant. It is right next to the museum. I like it very much.

JOHN: I come from New York. Is there an American restaurant in Helsinki?

MIKKO: Yes, there are many. But tonight, we are eating in a Finnish restaurant.

JOHN: All right. See you soon.

MIKKO: Bye-bye.

VOCABULARY

suunnitella	to plan
puhelin	telephone
soida	to ring
lauantai	Saturday
minkälainen	what kind of
iltaohjelma	evening plans
ei mitään	nothing
erikoinen	special
taide	art
pohjoismaalainen	Scandinavian, Nordic
nykytaide	modern art
näyttely	exhibit
mielenkiintoinen	interesting
nähdä	to see
yhdessä	together
voida	can
selvä	clear
tavata	to meet
edessä	in front of
neljä	four
jutella	to chat
toki	certainly
pyytää	to ask (a favor)
ole hyvä	please
soittaa	to phone
juuri	just now
kertoa	to tell
ihmiset	people
kovasti	very much
vapaa	free
pääsy	entrance

lempi-	favorite
ravintola	restaurant
ei oikeastaan	not really
suositella	to recommend
minusta	in my opinion
omenapuu	apple tree
aivan	right
pitää	to like
monta	many
syödä	to eat
pian	soon

USEFUL EXPRESSIONS

ei mitään erikoista	nothing special
niin onkin	that's right
mennä syömään	to go out to eat
pyytää puhelimeen	ask somebody to come to the phone
Minua kiinnostaa ...	I am interested in ...
tänä iltana	tonight
selvä juttu	all right

GRAMMAR

1. The Local Cases I

Finnish has six local cases, each of which expresses a different aspect of concrete or figurative location. The six cases fall into two groups: internal ("in" or "at") and external ("on"). Each of these groups is divided into three smaller categories, depending on whether the location they denote is stationary (being at a place), a point of departure (coming from a place) or a point of destination (going to a place). These six cases are expressed by different suffixes and are referred to by their Latin names. Although it is not essential to learn these Latin names, it is recommended. They are a practical aid to identifying and separating the individual cases, which have many different meanings and are used in many idiomatic contexts.

1.1 The Inessive Case ("in")

The inessive case is expressed by the suffix *-ssa/-ssä* (see page 7 for the rules of vowel harmony). Its primary meaning is that something or someone is located inside of something else. It is also used in several idiomatic contexts and expressions. The suffix is attached to the genitive stem of nouns, adjectives and pronouns.

talo + ssa	talossa
Helsinki + ssä	Helsingissä

The *-nk-* to *-ng-* change is the result of consonant gradation (see pages 7 to 8 for a description).

Since there must be grammatical agreement within the noun phrase, demonstrative pronouns and adjectives are suffixed as well.

Ruoka on pienessä jääkaapissa.	The food is in the small refrigerator.
Lintu istuu tässä vanhassa puussa.	The bird is sitting in this old tree.
Asumme tuossa uudessa talossa.	We live in that new house.
Missä Pekka on?	Where is Pekka?

The question word "where (at)" *missä*, which is the inessive form of *mikä* ('what'), is formed by adding the suffix *-ssä* to the stem of *mikä*, *mi-*. Many other question words are formed in the same way.

1.2 The Elative Case ("out of")

The suffix of the elative case, *-sta /-stä*, is also attached to the genitive stem. Its primary meaning is approximately the same as the English prepositions "out of" or "from within." The elative case is also used to express that someone or something comes from a certain place.

Tulen kiinalaisesta ravintolasta.	I am coming from the Chinese restaurant.
Mistä maasta tulet?	Which country do you come from?
Olen Italiasta.	I am from Italy.
Pekka lukee tästä hyvästä kirjasta.	Pekka is reading from this good book.

By the same pattern as the inessive case, the question word "from where" is *mistä*, the elative form of *mikä*.

Similar to the inessive, the elative case is also used in many idiomatic contexts and expressions, which may not express spatial relations. Some of the most commonly used expressions include instances of talking about something, liking something, thanking someone for something, buying or finding something somewhere.

Puhumme politiikasta.	We are talking about politics.
Suomalaiset pitävät kahvista.	Finns like coffee.
Kiitos seurasta.	Thank you for your company.
Kiitos tästä ihanasta illasta.	Thank you for this wonderful evening.
Ostan omenan kaupasta.	I am buying an apple in the store.
Löydät kirjan hyllystä.	You'll find the book on the shelf.

One of the many uses of the elative case is to express one's opinion. The elative suffix is added to the stem of the personal pronouns as follows:

minu- + -sta	minusta	in my opinion
sinu- + -sta	sinusta	in your opinion
häne- + -stä	hänestä	in his/her opinion
mei- + -stä	meistä	in our opinion
tei- + -stä	teistä	in your opinion (plural, or formal)
hei- + -stä	heistä	in their opinion

2. Informal Commands and Requests

When you want to give a command or request that someone do something, you have to use the imperative form of the verb. The imperative has both a formal and an informal form, and their use depends on to whom you are talking. Use the informal imperative when talking to people to whom you say *sinä*. Use the formal imperative with people with whom you use *te* (see lesson 7).

The stem of the verb is used for informal commands in the singular. It is obtained by dropping the first person singular ending from the present tense form of the verb. Do you recognize this form? This is the same form used in negative constructions.

Verb		***Stem***	***Command***	
luen	I am reading	lue/n	Lue!	Read!
menen	I am going	mene/n	Mene!	Go!

The command can be softened by adding the polite phrase *ole hyvä* (please). This phrase has both singular and plural forms to be used in informal or formal settings or when talking to one or several people. Literally, it translates to 'be good.'

Informal singular:	Ole hyvä!
Informal plural:	Olkaa hyvät!

When we want to say "Please, do something," *ole hyvä* may precede or follow the imperative form of the main verb.

Istu, ole hyvä!	Please sit down (informal, one person)
Ole hyvä ja istu!	

When the imperative sentence contains a direct object that is a countable noun, it is in the basic (nominative) form.

Ota kirja!	Take the book!
Syö banaani!	Eat the banana!

In colloquial speech, it is very common to hear the following informal command form, used in the first person plural.

Mennään!	Let's go!
Syödään!	Let's eat!
Katsotaan!	Let's see!
Tavataan!	Let's meet!
Nähdään!	Idiomatic usage: See you!

The grammatical construction of these verb forms is more involved and is not in the scope of this book. Instead, try to remember a few of the most common verbs in this form.

HARJOITUKSIA

(Exercises)

1. How would you thank someone for the following things in Finnish?

for the book	Kiitos kirjasta.
for the company	
for this afternoon	
for the good coffee	
for this wonderful day	

2. How would you express that you like the following? Use the verb pitää:

museum	Pidän museosta.
Leena	
dog	
movie	
restaurant	
Helsinki	
art	

3. Fill in the missing suffixes:

Juttelemme ohjelma_________.

Tavataan museo_________ edessä.

Museossa on nykytaite_________ näyttely.

Kerro Suome_________!

Ravintola on vanha_________ rautatieasem_________ vieressä.

Mitä teet suome_________ oppitunni_________ jälkeen?

Haluatte_________ ostaa kartan?

Asumme uude_________ talo_________, Helsing_________ keskusta_________.

Mi_________ maa_________ Pekka tulee?

4. What would you say in Finnish in the following situations?

You want to ask for a recommendation.

You are calling your friend on the phone and need to say who you are.

You are wondering if there is a good restaurant downtown.

You want to talk to Mikko on the phone.

You are curious what your friends are doing after the movie.

Somebody has just said *Mitä kuuluu*? How would you respond?

5. Turn the statements into negations and vice versa.

Tapaamme ravintolan edessä.

Ihmiset puhuvat tästä elokuvasta.

Emme mene syömään.

He syövät kiinalaisessa ravintolassa.

Et ole puhelimessa.

Mikko tietää paljon historiasta.

Haluan mennä keskustaan.

Hän ei ole asunnossa.

6. What was the question?

Mikko soittaa.

Olen yliopistossa työssä.

Kyllä, pidän tästä kirjasta.

Ei mitään erikoista.

Kello 4.

Tarvitsen Helsingin kartan.

KAPPALE 4

LESSON 4

KESKUSTELU

Pekan asunnossa

Nancy ja John tulevat Pekan luokse kylään. Pekka asuu modernissa kerrostalossa Laivurinkadulla, Eirassa.

Ovikello soi.

PEKKA: Moi ja tervetuloa!

NANCY: Hei Pekka. Kiitos kutsusta. Asut todella lähellä.

PEKKA: Minusta on kiva asua keskustassa.

JOHN: Sinulla on todella kaunis asunto!

PEKKA: Vaikka tämä ei ole kovin suuri, viihdyn silti täällä oikein hyvin.

Ovikello soi taas.

PEKKA: Nyt tulee Mikko. Ja minulla on vielä vähän työtä keittiössä.

Mikko saapuu. Pekka avaa oven ja menee sitten keittiöön.

NANCY: Todella mukava asunto. Olohuone, makuuhuoneet, keittiö ja kylpyhuone.

JOHN: Onko parveketta?

DIALOGUE

In Pekka's Apartment

Nancy and John are coming to Pekka's place to visit. Pekka lives in a modern apartment building on Laivuri Street in Eira.

The doorbell rings.

PEKKA: Hi and welcome!

NANCY: Hi Pekka. Thank you for the invitation. You live really close.

PEKKA: I think it is fun to live downtown.

JOHN: You have a really beautiful apartment.

PEKKA: Although it is not too big, I nevertheless enjoy living here very much.

The doorbell rings again.

PEKKA: Now Mikko is coming. And I still have a little work to do in the kitchen.

Mikko arrives. Pekka opens the door and then goes to the kitchen.

NANCY: Really pleasant apartment. Living room, bedrooms, kitchen and bathroom.

JOHN: Is there a balcony?

Mikko: Tuolla. Parvekkeelta on ihana näköala.

Nancy: Tuolla näkyy meri!

John: Katso, kuinka suuri televisio Pekalla on.

Nancy: Missä levyt ovat?

Mikko: Ne ovat varmasti tuossa kaapissa, television alla.

Nancy: Nämä taulut seinällä ovat ilmeisesti Espanjasta.

Pekka: Ruoka on valmista! Onko nälkä?

Mikko: On, kaikilla on kova nälkä, eikö niin?

Nancy ja John: Kyllä.

Pekka: Sopiiko että syömme keittiössä?

Nancy: Sopii oikein hyvin.

Pekka: John, ole hyvä ja ota lasit olohuoneen pöydältä ja tuo ne tänne. Nancy, voitko kattaa pöydän?

Nancy: Mielelläni. Mutta mistä löydän ruokailuvälineet?

MIKKO: Yes, over there. There is a beautiful view from the balcony.

NANCY: One can see the sea over there!

JOHN: Look, what a big television Pekka has.

NANCY: Where are the CDs?

MIKKO: They are most likely in that cabinet, under the television.

NANCY: These paintings on the wall are obviously from Spain.

PEKKA: The food is ready. Are you guys hungry?

MIKKO: Yes, everyone is starving, right?

NANCY AND JOHN: Yes.

PEKKA: Is it ok if we eat in the kitchen?

NANCY: It is fine.

PEKKA: John, please take the glasses from the table in the living room and bring them here. Nancy, can you set the table?

NANCY: With pleasure. But where can I find the silverware?

Pekka: Lautaset ovat hyllyllä, ja veitsit ja haarukat laatikossa.

Nancy: Entä lusikat?

Mikko: Ne ovat jo pöydällä.

Pekka: No niin, nyt on kaikki valmista. Syödään! Hyvää ruokahalua!

PEKKA: The plates are on the shelf and the knives and forks are in the drawer.

NANCY: And the spoons?

MIKKO: They are already on the table.

PEKKA: Well then, everything is ready. Let's eat! Enjoy your meal!

VOCABULARY

tulla kylään	to come to visit somebody
Pekan luokse	to Pekka's place
moderni	modern
kerrostalo	apartment building
katu	street
ovikello	doorbell
kutsu	invitation
todella	really
vaikka	although
suuri	big
viihtyä	to be having a good time
silti	nevertheless
täällä	here
taas	again
saapua	to arrive
avata	to open
keittiö	kitchen
olohuone	living room
makuuhuone	bedroom
kylpyhuone	bathroom
parveke	balcony
näköala	view
näkyä	to be visible
meri	sea
kuinka	how
televisio	television
alla	under
levy	CD
kaappi	cabinet
taulu	painting
seinä	wall

ilmeisesti	obviously
Espanja	Spain
ruoka	food
valmis	ready
nälkä	hunger
sopia	to be suitable
ottaa	to take
lasi	glass
pöytä	table
tuoda	to bring
tänne	here
kattaa pöydän	to set the table
mielelläni	with pleasure
löytää	to find
ruokailuvälineet	silverware
lautanen	plate
hylly	shelf
veitsi	knife
haarukka	fork
laatikko	drawer
lusikka	spoon
jo	already

USEFUL EXPRESSIONS

Kiitos kutsusta.	Thank you for the invitation.
Onko nälkä?	Are you hungry?
Kaikilla on kova nälkä.	Everybody is very hungry.
Eikö niin?	Question tag (isn't it, aren't you,...)
Sopiiko?	Does it work (for you)? Is it ok?
Sopii hyvin.	It suits (me).
No niin,...	Well then,...
Hyvää ruokahalua.	Enjoy your meal.

GRAMMAR

1. The Local Cases II

1.1 The Adessive Case ("on")

The adessive case is expressed by the suffix *-lla/-llä*. The suffix is always attached to the genitive stem of the noun, adjective or pronoun.

seinä + -llä	seinällä
Taulu on seinällä.	The painting is on the wall.
pöytä + -llä	pöydällä
Ruoka on pöydällä.	The food is on the table.
katu + -lla	kadulla
Auto seisoo kadulla.	The car is on the street.

The primary meaning of the adessive case is that something or someone is located on or at something. The case is also used in many idiomatic contexts, e.g., when one talks about performing an action with the help of something.

Matkustamme junalla.	We are traveling by train.
Maksan kaupassa luottokortilla.	I pay in the store with a credit card.
Lapsi syö lusikalla.	The child is eating with a spoon.

In Finnish, there is no single-verb equivalent of the English verb *to have*. Instead, a different construction must be used, consisting of the adessive case in combination with the verb *olla*. The adessive suffix is attached to the possessor and *olla* is always in the 3rd person singular form, *on*.

Laurilla on kirja.	Lauri has a book.
Mikolla on pieni asunto.	Mikko has a small apartment.

Recall the stems of the personal pronouns from lesson 2. Their adessive form is obtained by attaching the suffix to the genitive stem.

minä --- minulla		me --- meillä	
sinä ---- sinulla		te ----- teillä	
hän --- hänellä		he ---- heillä	

Minulla on hyvä ystävä.	I have a good friend.
Meillä on vanha auto.	We have an old car.
Onko sinulla veli?	Do you have a brother?

1.2 The Ablative Case ("from," "off")

The suffix for the ablative case, *-lta/-ltä*, is attached to the genitive stem. Its primary meaning is approximately the same as that of the English prepositions "off" or "from." It expresses movement away from an exterior place or from someone.

Otan kuvan seinältä.	I take the picture off the wall.
Kukat tulevat Terolta.	The flowers are (coming) from Tero.

The ablative case is also used in contexts discussing coming from someone's house, asking someone a question, or receiving something from someone. In such cases, the suffix is attached directly to the person's name.

Tulen Jussilta.	I am coming from Jussi's place.
Kysy Eevalta.	Ask Eeva.
Saamme kirjeen Katrilta.	We are getting a letter from Katri.

2. The Basic Plural Form of Nouns

To make the basic form plural, attach the suffix *-t*. As you can guess, it is attached to the genitive stem if it differs from the basic form. Similar to the local cases discussed so far, this suffix closes the syllable. Therefore the weak grade of the affected consonants must be used.

lapsi	lapset
kukka	kukat
lintu	linnut
huone	huoneet

Since the verb must agree with the subject, in sentences where the subject is plural, the verb will be in the third person plural form.

Lapset leikkivät pihalla.	The children are playing in the yard.
Kukat ovat ikkunassa.	The flowers are in the window.

Linnut laulavat.	The birds are singing.
Pekka ja Mikko kävelevät kadulla.	Pekka and Mikko are walking on the street.

Notice that in the sentences above, the plural noun is the subject of the sentence. The suffix *-t* can only be used in such cases, i.e., when there is no other suffix on the noun. When the noun is in any grammatical case other than the nominative, the plural will be marked by a different suffix (see lesson 9).

HARJOITUKSIA

(Exercises)

1. Write the following sentences in the plural:

   Opiskelija menee syömään.

   Kukka on pöydällä.

   Koira syö keittiössä.

   Sinä olet Espanjasta.

   Turisti asuu keskustassa.

   Poika kävelee Helsingissä.

2. Form sentences to say what people have:

   Matti / koira — Matilla on koira.

   Mikko / uusi auto

   minä / sisko

   me / taulu

   sinä / bussilippu

   he / nälkä

   te / matkalaukku

3. Missä kaikki on? Describe the location of the following things:

   Ruoka on

   Ruokailuvälineet ovat

   Espanjalainen taulu on

   Kirja on

   Lasit ovat

   Asunto on

   Lautaset ovat

   Koirat ovat

4. Answer the questions based on the dialogue:

   Missä Pekka asuu?

   Missä Laivurinkatu on?

   Viihtyykö Pekka siellä?

   Mikä näkyy parvekkeelta?

   Onko Pekalla koira?

   Kuka kattaa pöydän?

   Missä lautaset ovat?

5. How would you say the following phrases in Finnish?

Enjoy your meal.

I don't understand.

Thank you for the invitation.

Let's eat!

Let's go!

Welcome!

Are you hungry?

KAPPALE 5

LESSON 5

KESKUSTELU

Iltapäiväkävely Helsingin keskustassa

Nancy ja John ovat menossa Finlandia-talolle, jossa heillä on treffit Mikon ja Pekan kanssa. Mutta he eivät tiedä missä se on.

NANCY: Kello on melkein puoli kolme. Mihin aikaan tapaamme Mikon ja Pekan?

JOHN: Kello kolme.

NANCY: Muistatko missä?

JOHN: Finlandia-talon edessä. Tiedätkö missä se on?

NANCY: En tiedä, meidän täytyy kysyä joltakin. Hyvää päivää. Anteeksi, voitteko sanoa, missä Finlandia-talo on?

MIES: Päivää. Se on aivan lähellä. Onko teillä karttaa? Voin näyttää. Jos kävelette Mannerheimintietä suoraan eteenpäin, niin sinne on ehkä viidentoista minuutin kävelymatka. Tai voitte mennä raitiovaunulla numero neljä tai kymmenen.

NANCY: Kiitoksia oikein paljon.

MIES: Ei kestä. Näkemiin.

NANCY: Näkemiin.

DIALOGUE

An Afternoon Walk in Downtown Helsinki

Nancy and John are going to Finlandia House, where they are supposed to meet Mikko and Pekka. But they don't know where it is.

NANCY: It is almost two thirty. What time are we meeting Mikko and Pekka?

JOHN: At three o'clock.

NANCY: Do you remember where?

JOHN: In front of the Finlandia House. Do you know where it is?

NANCY: I don't know, we have to ask someone. Hello. Excuse me, can you tell me where the Finlandia House is?

MAN: Hello. It is quite close. Do you have a map? I can show you. If you walk straight ahead on Mannerheim Road, then it is perhaps a fifteen-minute walk. Or you can go by streetcar number four or ten.

NANCY: Thank you very much.

MAN: Not at all. Good-bye.

NANCY: Good-bye.

Mikko ja Pekka odottavat Finlandia-talon edessä.

Nancy ja John: Hei pojat!

Mikko: Terve! Oliko helppo löytää? Lähdetään heti.

Pekka: Mikko opastaa, koska hän on paljasjalkainen helsinkiläinen ja osaa kertoa paljon kaupungista.

Mikko: Tämä on Finlandia-talo, hyvin kuuluisa konserttitalo. Arkkitehdin nimi on Alvar Aalto. Oikealla näkyy Kansallismuseo ja vasemmalla stadionin torni.

Nancy: Mennäänkö Kansallismuseoon?

Pekka: Ehkä ei tänään. Saatte mennä sinne joskus kun sataa. Tänään on niin kaunis ilma, että ei kannata mennä sisälle. Voimme kävellä keskustaan, jos jaksatte.

Nancy: Tehdään niin.

Mukavan kävelymatkan jälkeen ystävät tulevat kesustaan.

Mikko: Nyt olemme aivan keskustassa. Tämän puiston nimi on Esplanadi. Jos jatkamme eteenpäin, tulemme satamaan. Se on kiva paikka.

John: Mitä siellä on?

Mikko and Pekka are waiting in front of Finlandia House.

NANCY AND JOHN: Hi guys!

MIKKO: Hi! Was it easy to find it? Let's take off immediately.

PEKKA: Mikko will be the guide, because he is a native of Helsinki and can tell a lot about the city.

MIKKO: This is the Finlandia House, a very famous concert hall. The name of the architect is Alvar Aalto. On the right, you can see the National Museum and on the left, the tower of the stadium.

NANCY: Shall we go into the National Museum?

PEKKA: Perhaps not today. You can go there some time when it rains. Today the weather is so beautiful, that it is not worth going inside. We can walk downtown if you have the energy.

NANCY: Let's do that.

After a pleasant walk, the friends are coming to the downtown area.

MIKKO: Now we are right downtown. The name of this park is Esplanadi. If we go on, we'll come to the harbor. It is a great place.

JOHN: What is there?

Mikko: Siellä on kauppatori. Se on jo suljettu. Se on joka päivä kahteen asti auki. Mutta siellä on myös Kaupungintalo, Presidentinlinna, Havis Amandan patsas, Uspenskin katedraali ja tietysti itse satama.

Nancy: Mihin laivat lähtevät täältä?

Mikko: Ruotsiin, Ahvenanmaalle, Viroon, Saksaan, Venäjälle, ja tietysti risteilylle. Tuo pieni lautta lähtee kohta Suomenlinnaan.

John: Mikä Suomenlinna on?

Pekka: Se on vanha linnoitus tuossa saaressa. Se näkyykin tästä. Haluatteko lähteä?

Nancy ja John: Kyllä, mielellämme.

Mikko: Pekka, osta liput! Nopeasti! Lautta lähtee viiden minuutin kuluttua.

MIKKO: There is the market place. It is already closed. It is open every day until two o'clock. But there is also the City Hall, the President's Palace, the statue of Havis Amanda, the Uspenski Cathedral and, of course, the harbor itself.

NANCY: Where do the boats go from here?

MIKKO: To Sweden, the Åland Islands, Estonia, Germany, Russia and, of course, on cruises. That small ferry is leaving soon for Suomenlinna.

JOHN: What is Suomenlinna?

PEKKA: It is an old fortress on that island. It can be seen from here. Do you want to go?

NANCY AND JOHN: Yes, with pleasure.

MIKKO: Pekka, buy the tickets! Quickly! The ferry is leaving in five minutes.

VOCABULARY

kävely	walk
jossa	where (not in questions)
treffit (colloquial)	date, meeting
kello	clock (here: time)
melkein	almost
puoli	half
kolme	three
täytyä	must, have to
muistaa	to remember
talo	house
kysyä	to ask
anteeksi	excuse me
sanoa	to say
jo	yes
näyttää	to show
tie	road
niin	then
raitiovaunu	streetcar
numero	number
neljä	four
kymmenen	ten
näkemiin	good-bye
odottaa	to wait
edessä	in front of
poika	boy, guy
helppo	easy
heti	right away, immediately
opastaa	to guide
koska	because
paljasjalkainen	native
helsinkiläinen	of Helsinki

osata	to be able to
kuuluisa	famous
konserttitalo	concert hall
arkkitehti	architect
oikealla	on the right
Kansallismuseo	National Museum
vasemmalla	on the left
stadioni	stadium
torni	tower
saada	can, may
sinne	there
joskus	sometimes
sataa	to rain
ilma	weather
kannattaa	to be worth
sisälle	inside
jaksaa	to have the strength / energy
puisto	park
jos	if
jatkaa	to continue
satama	harbor
paikka	place
kauppatori	market square
suljettu	closed
joka	every
auki	open
kaupungintalo	city hall
Presidentinlinna	the president's palace
patsas	statue
katedraali	cathedral
tietysti	of course
itse	itself
mihin	where to
laiva	boat, ship
tästä	from here

lähteä	to leave
Ruotsi	Sweden
Ahvenanmaa	the Åland Islands
Viro	Estonia
Saksa	Germany
Venäjä	Russia
risteily	cruise
lautta	ferry
kohta	soon
Suomenlinna	name of fortress in Helsinki harbor
vanha	old
linnoitus	fortress
saari	island
mielellämme	with pleasure (we)
lippu	ticket
nopeasti	quickly, fast

USEFUL EXPRESSIONS

olla menossa	to be on the way
Mihin aikaan?	At what time?
meidän täytyy	we must
kysyä joltakin	to ask somebody
Hyvää päivää.	Good day.
suoraan eteenpäin	straight ahead
viidentoista minuttin kävelymatka	a fifteen-minute walk
Kiitoksia oikein paljon.	Thank you very much.
Ei kestä.	Not at all.
Lähdetään.	Let's take off.
ei kannata	it isn't worth
Tehdään niin.	Let's do that.
kahteen asti	until two o'clock
viiden minuutin kuluttua	in five minutes

GRAMMAR

1. The Local Cases III

Similar to Local Cases I and II, this group also has two aspects, depending on whether the place toward which the movement is directed is considered external or internal. These two aspects are expressed by the allative and illative cases.

1.1 The Allative Case ("onto")

The allative case is expressed by the suffix *-lle*, which is unaffected by vowel harmony. As with previous suffixes, this one is also attached to the genitive stem of the noun or pronoun.

pöytä + lle	pöydälle
piha + lle	pihalle
sinä + lle	sinulle

The primary meaning of the suffix is to express that something or someone is moving to a place that is located on top of something or on a surface. It also is used to indicate that the action is directed at someone or that someone is the recipient of an action.

Menen ulos kadulle.	I am going out onto the street.
Lapset istuvat lattialle.	The children are sitting down on the floor.
Menemmekö vasemmalle?	Are we going to the left?
Kirjoitan Matille kirjeen.	I am writing a letter to Matti.
Puhutko minulle?	Are you talking to me?
Jussi näyttää meille kortin.	Jussi is showing us the card.

1.2 The Illative Case ("into")

The formation of the illative case, which primarily describes movement into an enclosed space, is less straightforward than the other local suffixes in that it is expressed by three different endings. The structure of the stem determines which suffix to use. The important thing to remember is that the illative case always uses the strong consonant grade.

If the stem ends in a short vowel, the vowel will lengthen and *-n* will be added.

kaupunki + in	kaupunkiin	to the city
koulu + un	kouluun	to school
auto + on	autoon	into the car

This group is by far the most common among Finnish nouns.

If the stem has only one syllable, the suffix consists of *-h* + stem vowel + *-n*.

maa + h-a-n	maahan	to the ground
työ + h-ö-n	työhön	to work
puu + h-u-n	puuhun	into the tree

If the stem is more than one syllable and ends in a long vowel, the illative suffix is *-seen*.

huone (stem: huonee-) + seen	huoneeseen	into the room
perhe (stem: perhee-) + seen	perheeseen	into the family

Remember that the stem is obtained by detaching the *-n* ending of the genitive case. However, an important change occurs in the illative case. Since the last vowel of the stem lengthens, it remains an open syllable and consonant gradation will not take place. In other words, p, t and k, which undergo a change in the genitive and in the other local cases, remain unaffected in the illative case and retain the strong grade.

kauppa	kauppa + an	kauppaan	to the store
lehti	lehte + en	lehteen	into the newspaper
kaupunki	kaupunki + in	kaupunkiin	to the city

2. Time Expressions

2.1 Telling Time

Clock times are expressed by using fractions of the hour: *puoli* (half) and *neljännästä* or *viisitoista* (quarter), combined with the adverbial expressions *vailla* (to) and *yli* (past):

Kello on kaksi.	It is two o'clock.
Kello on viisitoista (minuuttia) vailla kolme.	It is a quarter to three.
Kello on neljännästä yli viisi.	It is a quarter past five.
Kello on puoli kahdeksan.	It is half past seven.

Be careful with the use of *puoli*! In Finnish, "half" refers to half of the following hour, not the hour past, as in English. *Puoli kaksi* means half past one (half of the second hour). Think of it as half (of) two. The second hour is only half way through.

Minuuttia typically is omitted in everyday speech.

In official discourse, the 24-hour clock is used. Colloquial speech prefers the 12-hour clock and the time of day is added for clarification.

Kello kahdeksan aamulla.	Eight o'clock in the morning
Illalla kello seitsemän.	In the evening at seven o'clock

Typical ways in which to ask the time are:

Mitä kello on?	
Kuinka paljon kello on?	What time is it?
Paljonko kello on?	

Cardinal numbers are used to answer both *When?* and *At what time?*. Notice, however, that the verb *on* is missing in the answer to *When?*

Mitä kello on?	What time is it?
Kello on viisi.	It is five (o'clock).
Milloin menet kotiin?	When are you going home?
Kello kuusi.	At six.

The following construction also is used commonly:

Mihin aikaan tulet?	What time are you coming?
Tulen kolmelta.	I am coming at three (o'clock).

Notice the illative (*Mihin aikaan*?) in the question and the ablative (*Kolmelta*) in the answer.

2.2 Days of the Week

When used in time expressions either by themselves or in combination with some adverbs, the names of the days of the week are suffixed by *-na*.

maanantai + na	maanantaina	on Monday
tiistai + na	tiistaina	on Tuesday
viime keskiviikkona		last Wednesday
ensi torstaina		next Thursday
tänä perjantaina		this Friday

Exception:

joka lauantai	every Saturday

If an additional expression is added to the day, then only the last element is suffixed.

sunnuntai-iltana	Sunday evening

Notice that the names of the days are not capitalized, like in English.

2.3 Months

Finnish does not follow the Latin tradition, but rather has its own unique names for the months. They are as follows:

tammikuu	January
helmikuu	February
maaliskuu	March
huhtikuu	April
toukokuu	May

kesäkuu	June
heinäkuu	July
elokuu	August
syyskuu	September
lokakuu	October
marraskuu	November
joulukuu	December

To express that something is happening in a particular month, the suffix *-ssa/-ssä* is used:

tammikuussa	in January
helmikuussa	in February
maaliskuussa	in March
kesäkuussa	in June
etc.	

Like the days of the week, the names of the months are not capitalized.

HARJOITUKSIA

(Exercises)

1. Answer the questions using the illative suffix:

Mihin menet?	/ kaupunki	kaupunkiin
	/ satama	
	/ saari	
	/ Helsinki	
	/ huone	
	/ keskusta	
	/ työ	

2. Complete the sentences by using the allative form of the nouns and pronouns in brackets:

Kirjoitan kirjeen (Mikko) ________________.

Näytä (minä) ________________ kortti!

Menemme (kauppatori) ________________.

Laiva lähtee (risteily) ________________.

Mikko soittaa (Pekka) ________________.

Pane kirja (pöytä) ________________!

3. Answer the questions based on the dialogue:

    Missä kauppatori on?

    Minkälainen paikka satama on?

    Mikä Suomenlinna on?

    Miksi he eivät mene Kansallismuseoon?

    Menevätkö he raitiovaunulla keskustaan?

    Miksi Mikko opastaa?

    Minkälainen raitiovaunu menee Mannerheimintiellä?

4. Say the following times in Finnish.

    8:30 P.M. Kello on

    12:25 P.M.

    9:45 A.M.

    4:10 P.M.

    7:30 A.M.

    3:15 P.M.

    11:50 P.M.

5. Answer the questions using time expressions:

Mihin aikaan suomen kielen oppitunti alkaa? (7:30 P.M.)
    Kello puoli kahdeksan illalla.

Million laiva lähtee? (10 A.M.)

Milloin menet museoon? (4:45 P.M.)

Milloin tulette tänne? (8:30 A.M.)

Mihin asti kauppatori on auki? (2 P.M.)

Mihin aikaan tavataan? (11:15 A.M.)

6. How would you say the following phrases in Finnish?

I am glad to come.

Thank you very much.

Can you tell me...?

Shall we go?

native of Helsinki

in ten minutes

until 5 o'clock

KAPPALE 6

LESSON 6

KESKUSTELU

Lauantai iltapäivällä

Pekka, Mikko, Nancy ja John kävelevät Suomenlinnassa. Suomenlinna on vanha linnoitus Helsingin edustalla.

Nancy: On todella ihanaa olla täällä. Kuinka vanha tämä linnoitus on?

Mikko: Se on noin 250 (kaksisataaviisikymmentä) vuotta vanha. Se on ainutlaatuinen historiallinen monumentti.

Pekka: Ja se on myös hyvin suosittu ulkoilualue, erityisesti kesällä.

Nancy: Katso, kuinka sinistä vesi on!

Pekka: Se on myös aika lämmintä. Ihmiset uivat tuolla.

Mikko: Seuraava lautta lähtee kohta. Palataan kaupunkiin.

Ystävät seisovat satamassa.

Pekka: Juodaanko kahvia Esplanadin kuuluisassa kahvilassa, Kappelissa?

Nancy: Juodaan vaan.

Mikko: Juovatko kaikki kahvia? Kerman ja sokerin kanssa vai ilman?

DIALOGUE

On Saturday Afternoon

Pekka, Mikko, Nancy and John are walking on Suomenlinna. Suomenlinna is an old fortress off the coast of Helsinki.

NANCY: It is really wonderful to be here. How old is this fortress?

MIKKO: It is about 250 years old. It is a unique historical monument.

PEKKA: And it is also a very popular outdoor area, especially in the summer.

NANCY: Look, how blue the water is!

PEKKA: It is also quite warm. People are swimming over there.

MIKKO: The next ferry is leaving soon. Let's return to the city.

The friends are standing in the harbor.

PEKKA: Shall we drink coffee in the famous café on the Esplanadi, the Kappeli?

NANCY: Let's do that.

MIKKO: Is everyone having coffee? With cream and sugar or without?

NANCY: Minä otan vähän kermaa, mutta ei sokeria, kiitos.

MIKKO: Ja mitä haluatte syödä?

JOHN: Onko täällä amerikkalaista ruokaa?

NANCY: Älä nyt, John. Kokeile jotain tyypillistä suomalaista.

PEKKA: Esimerkiksi karjalanpiirakkaa. Sen päällä on munavoita.

NANCY: Se kuulostaa oikein hyvältä. Minä kokeilen sitä.

JOHN: Mutta se ei ole makeaa. Minä en ota sitä.

MIKKO: Ota sitten jotain makeaa, esimerkiksi pulla.

NANCY: Suomalainen kahvi on erittäin hyvää!

NANCY: Meidän täytyy mennä vielä ostoksille. Kotona ei enää ole yhtään ruokaa.

MIKKO: Tunnelissa on hyvä ruokakauppa. Ja se on vielä auki.

JOHN: Mitä kaikkea tarvitsemme?

NANCY: Tarvitsemme litran maitoa, leipää, voita – tarkoitan margariinia, tölkin appelsiininmehua, marmelaadia ja vähän juustoa.

NANCY: I'll take a little cream but no sugar, thanks.

MIKKO: And what do you want to eat?

JOHN: Is there American food here?

NANCY: Come on, John. Try something typically Finnish.

PEKKA: For instance a Karelian pastry. There is egg butter on the top.

NANCY: It sounds very good. I'll try it.

JOHN: But it is not sweet. I am not having any.

MIKKO: Have something sweet then, for example, a sweet roll.

NANCY: Finnish coffee is very good!

NANCY: We must still go shopping. There is no food at all at home.

MIKKO: In the Tunnel, there is a good grocery store. And it is still open.

JOHN: What do we need?

NANCY: We need a liter of milk, some bread, butter – I mean margarine, a carton of orange juice, marmalade and a little cheese.

John: Mitä muuta?

Nancy: Otetaan pari omenaa ja banaania. Pidätkö päärynästä?

John: Pidän.

Nancy: Minä laitan huomenna ruokaa. Tarvitsen perunaa sekä sipulia.

John: Onko jääkaapissa jogurttia?

Nancy: On. Emme tarvitse sitä.

JOHN: What else?

NANCY: Let's get a couple of apples and bananas. Do you like pears?

JOHN: Yes, I do.

NANCY: I am cooking tomorrow. I need potatoes, as well as onions.

JOHN: Is there yogurt in the refrigerator?

NANCY: Yes, there is. We don't need any.

VOCABULARY

noin	approximately
ainutlaatuinen	unique
historiallinen	historical
monumentti	monument
suosittu	popular
ulkoilualue	outdoor area
erityisesti	especially
sininen	blue
vesi	water
lämmin	warm
ihmiset	people
uida	to swim
seuraava	next
palata	to return
juoda	to drink
kahvi	coffee
kahvila	café
kerma	cream
sokeri	sugar
vai	or (in questions)
ilman	without
ruoka	food
kokeilla	to try
jotain	something
tyypillinen	typical
esimerkiksi	for instance
karjalanpiirakka	Karelian pastry (a Finnish specialty)
muna	egg
voi	butter
munavoi	egg butter
kuulostaa	to sound

makea	sweet
pulla	sweet roll
kotona	at home
ei enää	no longer
ei yhtään	none at all, not at all
Tunneli	The Tunnel - underground shopping area under the railway station
ruokakauppa	grocery store
litra	liter
maito	milk
leipä	bread
tarkoittaa	to mean
margariini	margarine
tölkki	carton
appelsiininmehu	orange juice
marmeladi	marmalade
juusto	cheese
pari	a couple of
banaani	banana
päärynä	pear
laittaa	to prepare
huomenna	tomorrow
peruna	potato
sekä	as well as
sipuli	onion
jääkaappi	refrigerator
jogurtti	yogurt

USEFUL EXPRESSIONS

... vuotta vanha	...years old
Älä nyt!	Don't do this! Don't be difficult! Don't you say!
sen päällä	on the top of it
Se kuulostaa hyvältä.	It sounds good.
mennä ostoksille	to go shopping

GRAMMAR

1. The Partitive Singular

The partitive is the most commonly used case in Finnish, apart from the nominative. It does not have any direct grammatical equivalent in English. However, in Finnish it is used frequently in many different contexts and idiomatic expressions. Its basic function is to designate an indefinite quantity—a part of the whole. It is commonly used in conjunction with uncountable nouns (nouns that express objects or concepts that cannot be counted, and, therefore, lack plural forms, e.g., air, music, water). English also has the partitive concept but uses other grammatical devices (e.g., the words "some" or "any") to express indefinite quantity. The partitive is one of the four principal parts of Finnish nouns and adjectives and should be learned along with the basic forms.

The partitive singular has three endings, which are used in different phonetic situations.

-a / -ä is used in nouns whose stem ends in one vowel

kahvi/a, poika/a, katu/a, vaikea/a, hyvä/ä

-ta / -tä is attached to nouns whose stem ends in two vowels or a consonant

tee/tä, yö/tä, mies/tä, olut/ta, suomalais/ta, kaunis/ta

-tta / -ttä is used if the stem ends in *-e*

perhe/ttä, huone/tta, kirje/ttä,

Since all elements must agree grammatically, pronouns and adjectives within the noun phrase must also be put into the partitive. Attach the partitive suffix to the stems of the pronouns.

tämä (tä-)	tätä
tuo (tuo-)	tuota
se (si-)	sitä
mikä (mi-)	mitä
kuka (ke-)	ketä

tätä hyvää kirjaa	this good book
tuota suomalaista miestä	that Finnish man

The big question is: When do we use the partitive case? Here are some of the most common situations.

1. After numerals more than one and after *monta* (many).

kymmenen ihmistä	ten people
tuhat euroa	1,000 euros
Minulla on monta hyvää suomalaista kirjaa.	I have many good Finnish books.

When the numeral + noun combination is the subject of the sentence, the verb is in the singular.

Kolme ihmistä kävelee kadulla.	Three people are walking on the street.

2. When talking about food and drinks or describing the quality of a substance.

Tämä on maitoa.	This is milk.
Meillä on kahvia.	We have coffee.
Leipä on hyvää.	Bread is good.
Vesi on lämmintä.	The water is warm.

3. When negating the existence of something.

Kaupungissa ei ole teatteria.	There is no theater in the town.

4. When wishing something.

Hyvää päivää!	(I wish you) good day!
Hyvää jatkoa!	(I wish you) continued well-being! (Typical way to say good-bye)

5. In questions where the speaker is uncertain whether the answer will be positive or negative, or when a negative answer is expected.

Onko sinulla kissaa?	Do you have a cat?
Onko täällä ravintolaa?	Is there a restaurant here?

6. The object of a negative sentence.

Emme osta autoa.	We are not buying a car.
John ei opiskele suomea.	John is not studying Finnish.

7. The object of a sentence if an action is described as a process.

Odotamme sinua.	We are waiting for you.
Luen kirjaa.	I am reading a book.

8. The object of verbs expressing feelings.

Rakastan sinua.	I love you.
Poika pelkää koiraa.	The boy is afraid of the dog.
Kaipaamme teitä.	We miss you (all).
Historia kiinnostaa minua.	History interests me.

Compare:

Pöydällä on leipää.	There is bread on the table. (some bread, undefined quantity: partitive)
Leipä on pöydällä.	The bread is on the table. (specific bread, defined quantity, nominative)

Some commonly used pre- and postpositions require the noun to be in the partitive case.

ennen	ennen aamiaista	before breakfast
ilman	ilman sokeria	without sugar
varten	sinua varten	because of you

2. "To Like" and "To Love"

As described above, verbs of feeling typically require the object to be in the partitive case.

Rakastan sinua.	I love you.

However, the verbs *pitää* and *tykätä* (both meaning "to like, to be fond of") require the object to be in the elative case.

Pidän saunasta.	I like the sauna.
Tykkään suomenkielestä.	I like the Finnish language.

3. Sounds Good, Looks Good

To express that something sounds or looks good, bad, interesting, etc., or tastes a certain way, use the ablative case in conjunction with the verbs *kuulostaa* (to sound), *näyttää* (to look) and *maistua* (to taste).

Idea kuulostaa hyvältä.	The idea sounds good.
Viineri maistuu makealta.	The Danish (pastry) tastes sweet.
Tämä näyttää mielenkiintoiselta.	This looks interesting.

4. The *-nen* Ending

Many nouns and adjectives end in *-nen*. Therefore, it is a good idea to remember the different grammatical forms of this frequently occurring suffix. In the genitive stem, the *-nen* of the nominative changes to *-sen*. In the partitive, it changes to *-sta*.

Nominative: Leena on suomalainen nainen.
Leena is a Finnish woman.

Genitive: Suomalaisen naisen asunto
the Finnish woman's apartment

Partitive: En tunne suomalaista naista.
I don't know a Finnish woman.

The local case suffixes are attached to the genitive stem.

Inessive:	suomalaisessa naisessa
Elative:	suomalaisesta naisesta
Adessive:	suomalaisella naisella
Ablative:	suomalaiselta naiselta
Allative:	suomalaiselle naiselle

The exception is the illative case, where the final vowel of the genitive stem is lengthened and an *-n* is added, just as with other types of nouns.

Illative: suomalaiseen naiseen

5. The Many Faces of *tämä*, *tuo* and *se*

It is easy to get confused by the many different forms of the demonstrative pronouns. Let's briefly summarize the most commonly occurring forms and functions.

1. Basic forms.

tämä	this	Tämä on Kansallismuseo.	This is the National Museum.
tuo	that	Tuo on kauppatori.	That is the market square.
se	it	Se on auki.	It is open.

Tämä and *tuo* are used to point out something close or far from the speaker. *Se* is used to refer to something previously mentioned or explained by the context.

2. Where they precede nouns and adjectives, demonstrative pronouns must take the same case endings as the rest of the noun phrase. In these instances, the case suffixes are attached to the stem.

    tä- + -tä / -ssä / -stä / -hän / -llä / -ltä / -lle
    (irregular genitive: *tämän*)

    In the case of *tuo*, there is no distinction between the basic form and the stem.

    tuo + -n / -ta / -ssa / -sta / -hon / -lla / -lta / -lle

The stem of *se* is *si-*, which is lengthened in the inessive, elative and illative cases.

si + tä / -inä / -itä / -ihen / -llä / -ltä / -lle
(the stem *se* is preserved in the genitive case: *sen*)

tässä hyvässä ravintolassa	in this good restaurant
tuohon pieneen saareen	to that small island
tuolle suomalaiselle miehelle	for that Finnish man
tältä pöydältä	from this table
siihen aikaan	at that time

3. They can also be used as place adverbs.

Used by themselves, they can designate location. The inessive form expresses a concrete location, whereas the adessive form is more general.

tässä	here (right here, just about within reach, concrete, defined location)
tuossa	there (right over there, but still almost within reach, very concrete)
siinä	there (inside of a place, cannot be pointed out, needs context to clarify)

täällä	here (more general, "around here")
tuolla	there (more general location, around there, not one specific point)
siellä	there (very general, cannot be pointed out)

HARJOITUKSIA

(Exercises)

1. Mitä ostat kaupasta?

   Name the following nouns in the partitive case:

   Ostan (bread)

   (milk)

   (juice)

   (butter)

   (jam)

   (cheese)

   (food)

2. Negate the following sentences:

   Minulla on auto.

   Mikko ostaa lipun.

   Otan banaanin.

   Jääkaapissa on omena.

   Kadulla on auto.

3. Write the partitive forms according to the model:

kartta	3 karttaa
talo	5
parveke	3
laiva	2
nainen	2
saari	monta
kaupunki	7
huone	4

4. In Finnish, how would you....

...ask for directions to the harbor?

...find out if the store is open?

...find out how much the coffee costs?

...refuse when somebody offers you milk?

...express that you are having a good time?

...thank someone for the nice evening?

5. Find a suitable adjective from the list for each noun and combine them into a sentence.

   (hyvä, sininen, lämmin, makea, kylmä)
   ruoka - hyvä Ruoka on hyvää.

   vesi

   pulla

   kahvi

   leipä

   mehu

KAPPALE 7

LESSON 7

KESKUSTELU

Ruotsin laivalla

Mikko, Pekka, Nancy ja John tapaavat kauppatorilla.

Mikko: Meillä on vielä riittävästi aikaa. Laiva lähtee vasta kello kuusi.

John: Millä laivalla menemme?

Mikko: Menemme Silja Symphonylla. Se on hyvin kaunis laiva.

Nancy: Minä haluan ostaa hedelmiä torilta ennen lähtöä. Täältä saa niin paljon erilaisia ihania hedelmiä.

Nancy: Päivää! Saanko pari litraa mansikoita ja litran mustikoita?

Pekka: Etkö osta herneitä? Me suomalaiset syömme paljon herneitä heinäkuussa.

John: Sen takia joka paikassa kadulla näkyy herneenpalkoja. Nyt ymmärrän.

Mikko: Tulkaa nyt. Lähdetään. Meidän täytyy vielä ostaa laivaliput. Voi olla pitkä jono.

DIALOGUE

On the Boat to Sweden

Mikko, Pekka, Nancy and John are meeting at the market square.

MIKKO: We still have plenty of time. The boat is not leaving until six o'clock.

JOHN: On which boat are we going?

MIKKO: We are going on the Silja Symphony. It is a very pretty boat.

NANCY: I want to buy some fruit at the market before departure. One can buy so many different kinds of wonderful fruit here.

NANCY: Good day! May I get a couple of liters of strawberries and a liter of blueberries?

PEKKA: Aren't you buying peas? We Finns eat a lot of peas in July.

JOHN: That's why one can see peapods everywhere on the street. Now I understand.

MIKKO: Come now. Let's leave. We still have to buy the boat tickets. There may be a long line.

Pekka ostaa laivaliput ja kaikki menevät laivaan.

Pekka: Saanko neljä meno-paluulippua Tukholmaan? Onko vapaita hyttipaikkoja?

Myyjä: On. Mutta vain luksushytteja yläkannella. Sopiiko?

Pekka: Sopii hyvin.

Myyjä: Olkaa hyvä.

Nancy: Siellä on varmasti isot ikkunat ja niistä ihana näköala. Katsokaa, kuinka upea laiva! Ja niin paljon ihmisiä!

Mikko: Kesällä monet tekevät vain päivämatkan Helsingistä Tukholmaan. He viettävät päivän Tukholmassa ja palaavat iltalaivalla Helsinkiin.

John: Kauanko laivamatka kestää?

Mikko: Se kestää kuusitoista tuntia.

Pekka: Laiva lähtee pian. Menkää yläkannelle. Minäkin tulen heti.

Nancy: Voi kuinka ihana näkymä! Tuolla näkyy koko Helsingin keskusta. Ja niin paljon lokkeja!

Pekka buys the tickets and everyone boards the ship.

PEKKA: May I have four round-trip tickets to Stockholm? Are there vacant cabins?

MYYJÄ: Yes there are. But only luxury cabins on the top deck. Will that be suitable?

PEKKA: It suits us fine.

MYYJÄ: Here you are.

NANCY: Surely there are big windows and a wonderful view from them. Look, what a gorgeous boat! And so many people!

MIKKO: In the summer, many people take day trips from Helsinki to Stockholm. They spend the day in Stockholm and return to Helsinki on the evening boat.

JOHN: How long does the boat trip take?

MIKKO: It takes sixteen hours.

PEKKA: The boat is leaving soon. Go to the top deck. I'll be right there too.

NANCY: Wow, what a wonderful view! One can see the entire downtown of Helsinki over there. And so many seagulls!

JOHN: Mistä voi ostaa postikortteja?

MIKKO: Viidennellä kannella on tax-free kauppa. Sieltä saa kaikenlaisia matkamuistoja.

PEKKA: Laivassa on myös erilaisia ravintoloita. Saatte valita missä haluatte syödä.

NANCY: Kelpaako euro Ruotsissa?

PEKKA: Ei kelpaa. Ruotsin raha on vieläkin kruunu.

JOHN: Sitten minun täytyy ensin vaihtaa vähän rahaa. Missä täällä on pankki?

MIKKO: Kuudennella kannella on rahanvaihtopaikka.

Seuraavana aamuna.

NANCY: Täällä näkyy jo paljon pieniä saaria.

PEKKA: Tämä on Tukholman saaristo. Saavumme pian Tukholmaan. Ottakaa tavarat ja mennään alas.

JOHN: Where can one buy postcards?

MIKKO: On deck five there is a tax-free shop. One can buy all kinds of souvenirs there.

PEKKA: There are also several restaurants on the boat. You can choose where you want to eat.

NANCY: Is the Euro accepted in Sweden?

PEKKA: It is not. The currency of Sweden is still the Krona.

JOHN: Then I must first exchange some money. Where is there a bank here?

MIKKO: On deck six there is an exchange office.

The next morning.

NANCY: One can already see a lot of small islands here.

PEKKA: This is the Stockholm archipelago. We arrive in Stockholm soon. Take your things and let's go down.

VOCABULARY

vielä	still
riittävästi	sufficiently, plenty of
vasta	not until
hedelmä	fruit
ennen	before
lähtö	departure
saada	to get
paljon	a lot
erilainen	different
mansikka	strawberry
mustikka	blueberry
herne	pea
heinäkuu	July
herneenpalko	pea pod
pitkä	long
jono	(waiting) line
meno-paluu	round trip
vapaa	vacant
hytti	cabin
hyttipaikka	berth
myyjä	salesperson
luksushytti	luxury cabin
yläkansi	top deck
kansi	deck
ikkuna	window
upea	gorgeous
ihminen	person
monet	many people
päivämatka	day trip
viettää	to spend
kauanko?	how long?

kestää	to take (time)
tunti	hour
heti	immediately
näkymä	sight
lokki	seagull
postikortti	postcard
kaikenlainen	all kinds
matkamuisto	souvenir
valita	to choose
kelvata	to suit, to be acceptable
raha	money, currency
kruunu	krona (Swedish currency), crown
vaihtaa	to exchange
pankki	bank
rahanvaihtopaikka	exchange booth
aamu	morning
saaristo	archipelago
saapua	to arrive
tavara	things, belongings
alas	down

USEFUL EXPRESSIONS

täältä saa	one can get here
saanko	may I have
joka paikassa	everywhere
Sopiiko?	Will that be suitable?
Sopii hyvin.	It suits us fine.
Kauanko kestää?	How long does it take?

GRAMMAR

1. The Partitive Plural

The partitive plural primarily expresses an indefinite quantity of countable objects (e.g., people, some flowers, lots of fish), but is also used in other contexts. Although typically the case of the object, the partitive plural can even be used for the subject of a sentence (see below). A commonly used quantifier, which requires the noun to be in the plural partitive form, is *paljon* (much, many, a lot).

Use the partitive plural in the following situations:

1. When talking about an indefinite quantity of countable things.

paljon hyviä ystäviä	many good friends
vähän punaisia kukkia	few red flowers
uusia perunoita	new potatoes

2. When talking about things which are not there or are not possessed.

Minulla ei ole koiria.	I don't have dogs.
Pöydällä ei ole laseja.	There aren't any glasses on the table.

Most nouns have the same partitive suffix in the plural as in the singular, with one major difference: the suffix must be preceded by the plural marker *-i-*, which changes into *-j-* between two vowels. The partitive plural is really not difficult if you know the singular form, because all you need to do is insert the *-i-* (of course, there are always exceptions!).

Basic form	*Sg. partitive*	*Pl. partitive*
talo	taloa	taloja
huone	huonetta	huoneita

In some nouns, the plural marker may cause phonetic changes in the stem. Because these will not be discussed in detail here, the recommendation is to try to memorize the partitive plural, which is listed among the principal parts of nouns in Appendix 1.

As usual, there is agreement within the noun phrase. Thus, pronouns and adjectives will also be in the partitive plural.

En tunne näitä ihmisiä.	I don't know these pepple.
Otatko noita pieniä marjoja?	Are you going to take any of those small berries?

2. Equative Sentences

Equative sentences are those in which we say that something or someone is or is like something else. For example: "Lisa is a teacher." or "The weather is beautiful." These sentences always contain the verb 'to be.' Following "to be" is either a noun (predicate noun) or an adjective (predicate adjective). These can be in either the nominative or the partitive case depending on grammatical circumstances. In Finnish, it is important to know when to use the nominative and when to use the partitive. Here are some practical guidelines.

1. The subject (usually the word at the beginning of the sentence) must be in the nominative case (basic form).

2. The predicate noun or adjective is in the nominative if it or the subject is a singular countable noun or a "natural set" in the plural (e.g., pants, eyes, etc.).

Tämä on kirja.	This is a book.
Kirja on hyvä.	The book is good.
Mikolla on siniset silmät.	Mikko has blue eyes.
Minulla on vanhat housut.	I have (a pair of) old pants.

3. The predicate noun or adjective is in the partitive case if it or the subject is an uncountable noun.

Viini on makeaa.	The wine is sweet.
Tämä on vettä.	This is water.
Vesi on kylmää.	The water is cold.

4. If the predicate noun or adjective is in the plural, it will be in the partitive case unless it is a natural set.

Kirjat ovat hyviä.	The books are good.
Suomessa talot ovat yleensä punaisia.	In Finland, houses are usually red.

But:

Mikon silmät ovat siniset.	Mikko's eyes are blue.
Housut ovat vanhat.	The pants (1 pair) are old.

3. The Plural Form of Commands

In lesson 3, you learned to give commands to one person in informal discourse. When giving commands to multiple people or in formal discourse, a different form is used. Informal plural and formal singular and plural commands require the plural form of the imperative, created by the suffix *-kaa/-kää*. The singular informal command is formed by dropping the first person singular suffix of the verb. In contrast, the plural imperative suffix is attached to the infinitive stem, obtained by detaching the infinitive ending from the basic form.

		inf. stem:	*command:*	
lukea	to read	luke/a	Lukekaa!	Read!
mennä	to go	men/nä	Menkää!	Go!

The polite expression *ole hyvä* (please) also takes the same ending. Here are all four forms of it.

Informal singular:	Ole hyvä!
Informal plural:	Olkaa hyvät!
Formal singular:	Olkaa hyvä!
Formal plural:	Olkaa hyvät!

It can either precede or follow the verb.

Istu, ole hyvä! Ole hyvä ja istu!	Please sit down (informal, one person)
Istukaa, olkaa hyvä! Olkaa hyvä ja istukaa!	Please sit down (formal, one person)
Istukaa, olkaa hyvät! Olkaa hyvät ja istukaa!	Please sit down (informal or formal, several people)

4. The Auxiliary Verbs *täytyy* and *pitää*

Both *täytyy* and *pitää* express an obligation: someone has to do something. Their meaning is essentially the same. The person who has to perform the action is in the genitive case. The object, which is affected as a result of the action, is in the basic form (nominative case) in both singular and plural.

Sinun täytyy lähteä.	You have to leave.
Leenan pitää löytää kirja.	Leena has to find the book.
Meidän täytyy ostaa laivaliput.	We have to buy the boat tickets.

Don't confuse the two entirely different meanings of *pitää*! Notice the difference:

Minä pidän omenasta.	I like apples.	(pitää is followed by a noun)
Minun pitää lähteä.	I have to leave.	(pitää is followed by a verb)

5. Ordinal Numbers

The basic form of an ordinal number is created by adding *-s* to the stem of the cardinal number (one and two are exceptions!). Similar to adjectives, ordinal numbers must be in grammatical agreement with the following noun. The genitive stem, to which the case endings are added, is formed by dropping the *-s* and adding *-nte-*.

1st	ensimmäinen	ensimmäisessä kerroksessa	on the first floor
2nd	toinen	toisena päivänä	on the second day

3rd	kolmas	kolmannelle ihmiselle	to the third person
4th	neljäs	neljänteen kerrokseen	to the fourth floor
5th	viides	viidennessä kerroksessa	on the fifth floor
6th	kuudes	kuudennella bussipysäkillä	at the sixth busstop
7th	seitsemäs	etc.	
8th	kahdeksas		
9th	yhdeksäs		
10th	kymmenes		

6. The Date

Mikä päivä tänään on?	What is the date today?
Tänään on 25.9.2003.	

The date reads: *Tänään on kahdeskymmenesviides syyskuuta kaksituhattakolme.*

As you can see, the day comes first, then the month and finally the year.

Every component of the numeral expressing the day must be an ordinal number. The month is in the partitive case and the year is a cardinal number.

HARJOITUKSIA

(Exercises)

1. Fill out the missing words based on the dialogue:

Onko ______________ hyttipaikkoja?

______________ pian Tukhomaan.

Suomalaiset ______________ paljon herneitä kesällä.

Monet ______________ päivämatkan Helsingistä

Tukholmaan.

______________ kestää 16 tuntia.

Haluan ostaa ______________ torilta.

Ensin minun täytyy ______________ rahaa.

2. What is the partitive plural form of the following nouns?

ravintola

hedelmä

matkalaukku

tavara

paikka

hytti

3. Give commands as indicated. Begin each sentence with Ole hyvä, Olkaa hyvä or Olkaa hyvät, as appropriate:

   Mikko / syö omena

   pojat / mennä elokuviin

   Peni (koira) / tulla tänne

   Herra (Mr) Salo / soittaa

   lapset / juoda maito

4. Fill in the missing words in the following sentences, describing things that people have to do:

   (minä) _______________ täytyy lähteä Ruotsiin.

   (Pekka) _______________ ostaa _______________.

   (me) _______________ pitää maksaa kirjasta.

   _______________ sinun mennä kauppaan?

   (te) _______________ _______________ vaihtaa vähän rahaa.

5. What was the question? Be creative!

   Torilta.

   Tukholmaan.

   Viidennellä kannella.

   Ei kelpaa.

   16 tuntia.

   En pidä herneistä.

6. Say the following phrases in Finnish:

   Will that suit you?

   How long does the trip take?

   What a wonderful view!

   Look, what a long line!

   Do you have many good friends?

   The boat is leaving soon.

7. What is today's date?

KAPPALE 8

LESSON 8

KESKUSTELU

Mikko kertoo perheestään

Ystävät istuvat Mikon asunnossa. Ulkona sataa vettä.

PEKKA: Tänään on sateinen päivä. Ei kannata lähteä mihinkään.

MIKKO: Haluatteko katsoa perhekuvia? Se on hyvää ohjelmaa sateisena iltapäivänä.

NANCY: Mielellämme. Onko sinulla iso perhe?

MIKKO: Ei kovin iso. Tässä kuvassa näkyy koko perheemme, suuren perhejuhlan aikana viime kesänä.

JOHN: Kerro meille, kuka kukin on.

MIKKO: Nämä ovat vanhempani, ja tässä on veljeni Jussi ja sisareni Marja.

NANCY: Ja tässä istuvat isovanhempasi.

MIKKO: Kyllä. Valitettavasti vain äidin vanhemmat ovat elossa.

NANCY: Kuka tämä pikkupoika on?

MIKKO: Hän on Matti, veljenpoikani. Hän on vain kaksivuotias. Ja nainen hänen takanaan on hänen ätinsä, siis kälyni, Eeva.

DIALOGUE

Mikko Talks About his Family

The friends are sitting in Mikko's apartment. It is raining outside.

PEKKA: Today is a rainy day. It's not worth going anywhere.

MIKKO: Do you want to see family pictures? It's a good thing to do on a rainy afternoon.

NANCY: With pleasure. Do you have a big family?

MIKKO: Not too big. Our whole family can be seen in this picture taken during a big family reunion last summer.

JOHN: Tell us who is who.

MIKKO: These are my parents, and here is my brother Jussi and my sister Marja.

NANCY: And your grandparents are sitting here.

MIKKO: Yes. Unfortunately, only my mother's parents are alive.

NANCY: Who is this little boy?

MIKKO: This is Matti, my brother's son. He is only two years old. And the woman behind him is his mother, that is my sister-in-law, Eeva.

JOHN: Onko siskollasi myös perhe?

MIKKO: Marja on naimisissa, mutta heillä ei vielä ole lapsia. Hänen miehensä puuttuu kuvasta.

NANCY: Missä vanhempasi asuvat?

MIKKO: He asuvat Kuopiossa. Isäni on koulussa työssä, hänen ammattinsa on opettaja. Ja äitini on lastenlääkäri. Hänen työpaikkansa on Kuopion terveyskeskus.

NANCY: Onko tässä kuvassa teidän kesämökkinne?

MIKKO: On. Se on Kuopion lähellä, järven rannalla.

NANCY: Onko sinulla myös setä ja täti?

MIKKO: Kyllä on. Isälläni on kolme sisarusta ja äidilläni on yksi veli. Heidän lapsensa ovat minun serkkuni. Heitä on yhteensä seitsemän.

JOHN: Tapaatko heidät usein?

MIKKO: En kovin usein. Pari kertaa vuodessa. He eivät asu Helsingissä. Oikeastaan melkein kaikki perheemme jäsenet asuvat eri kaupungeissa.

NANCY: Missäpäin Suomea he asuvat?

MIKKO: Siskoni, Marja ja hänen miehensä asuvat Tampereella, ja veljeni Jussin perhe asuu Jyväskylässä, siis molemmat Keski-Suomessa. Minulla on yksi serkku Rovaniemellä Pohjois-Suomessa, kolme Lappeenrannassa, kaksi Oulussa ja yksi jopa Ruotsissa, Tukholmassa.

JOHN: Does your sister also have a family?

MIKKO: Marja is married, but they don't have children yet. Her husband is missing from the picture.

NANCY: Where do your parents live?

MIKKO: They live in Kuopio. My father works in the school. He is a teacher. And my mother is a pediatrician. Her workplace is the health center in Kuopio.

NANCY: Is this your summer cottage in the picture?

MIKKO: Yes it is. It is near Kuopio, on the shore of a lake.

NANCY: Do you also have an uncle and aunt?

MIKKO: Yes I do. My father has three siblings and my mother has a brother. Their children are my cousins. There are seven of them altogether.

JOHN: Do you meet them often?

MIKKO: Not too often. A couple of times a year. They don't live in Helsinki. Actually, almost all members of our family live in different cities.

NANCY: Where in Finland do they live?

MIKKO: My sister Marja and her husband live in Tampere, and my brother Jussi's family lives in Jyväskylä, so both of them are in central Finland. I have a cousin in Rovaniemi in northern Finland, three in Lappeenranta, two in Oulu and one even in Sweden, in Stockholm.

JOHN: Asuuko Ruotsissakin suomalaisia?

PEKKA: Asuu, lähes puoli miljoonaa. Ja Suomessakin on suuri ruotsalainen vähemmistö.

NANCY: Katsokaa, nyt ei sada enää. Voimme mennä ulos ja lähteä kävelylle.

MIKKO: Ensi kerralla saatte kertoa meille teidän perheistänne.

JOHN: Are there Finns living in Sweden also?

PEKKA: Yes, there are, nearly half a million. And also in Finland there is a large Swedish minority.

NANCY: Look, now it is no longer raining. We can go outside and go for a walk.

MIKKO: Next time you can tell us about your families.

VOCABULARY

perhe	family
istua	to sit
ulkona	outside
sataa vettä	it is raining
sateinen	rainy
perhekuva	family picture
kovin	very
perhejuhla	family reunion
aikana	at the time of
viime	last
vanhemmat	parents
veli	brother
sisar	sister
istua	to sit
isovanhemmat	grandparents
äiti	mother
pikkupoika	little boy
veljenpoika	brother's son
kaksivuotias	two years old
nainen	woman
takana	behind
käly	sister-in-law
lapsi	child
mies	husband
puuttua	to be missing
isä	father
koulu	school
ammatti	profession
opettaja	teacher
lääkäri	physician
lastenlääkäri	pediatrician

työpaikka	workplace
terveyskeskus	health center
kesämökki	summer cottage
järvi	lake
ranta	shore
setä	uncle
täti	aunt
sisarukset	siblings
serkku	cousin
yhteensä	altogether
usein	often
vuosi	year
oikeastaan	actually
jäsen	member
eri	different
missäpäin	whereabout
molemmat	both
keski	middle, central
pohjoinen	north, northern
jopa	even
lähes	nearly
miljoona	million
suuri	large
ruotsalainen	Swedish
vähemmistö	minority

USEFUL EXPRESSIONS

ei kannata lähteä mihinkään	it isn't worth going anywhere
viime kesänä	last summer
kuka kukin on	who is who
olla elossa	to be alive
olla naimisissa	to be married
pari kertaa	a couple of times
lähteä kävelylle	to go for a walk
ensi kerralla	next time

GRAMMAR

1. Summary of the Singular Form of Local Cases

There are six local cases divided into outer and inner groups. These groups both have three aspects, depending on whether they describe a stationary situation or movement toward or away from the place in question.

Remember...?

talossa	in the house	seinällä	on the wall
talosta	from the house	seinältä	from the wall
taloon	into the house	seinälle	onto the wall

All of these suffixes are attached to the genitive stem. Five have the weak grade. The illative case is irregular and always has the strong grade.

2. The Possessive Suffixes

When the possessor is expressed with a pronoun (e.g., my book), the object possessed must be suffixed as follows:

-ni	(minun) kirjani	my book(s)
-si	(sinun) kirjasi	your book(s)
-nsa	hänen kirjansa	her/his book(s)
-mme	(meidän) kirjamme	our book(s)
-nne	(teidän) kirjanne	your (plural) book(s)
-nsa	heidän kirjansa	their book(s)

The third person singular and plural suffixes are the same. Notice that there is no distinction between singular and plural possession. *Kirjani* can mean both "my book" and "my books." The possessive suffixes are attached to the genitive stem. Even though the syllable may be closed, there is always a strong grade in the syllable preceding the suffix. The personal pronouns must be in the genitive case; however, in the first and second persons, in both singular and plural, they are used only for added emphasis.

Basic form:	äiti (mother)
Genitive:	äidin
Genitive stem:	äidi- (weak grade)

minun äitini	my mother
sinun äitisi	your mother
hänen äitinsä	her/his mother
meidän äitimme	our mother
teidän äitinne	your (plural) mother
heidän äitinsä	their mother

In written language, with the exception of *hänen* and *heidän*, the pronoun is typically omitted, unless specifically emphasized (*vaimosi* 'your wife'). All pronouns are omitted if they refer to the subject of the sentence. In colloquial language, the possessive suffixes are often dropped.

3. Inflected Forms with Possessive Suffixes

Possessive suffixes can be attached to inflected nouns (e.g., "in my house"). In these instances, the order of suffixes is important. The case suffixes come first, followed by the possessive suffixes.

talo + ssa + mme	in our house
ystävä + lle + ni	to my friend
perhee + ssä + si	in your family

The third person form presents some irregularity in this respect. The suffix -*nsa* cannot be attached to most of the case suffixes. Instead, an alternate form is used to express the third person possessive, by the lengthening of the last vowel of the suffix and the addition of an -*n* ending.

perheessään	in her/his/their family
veljeltään	from her/his/their brother
talostaan	from his/her/their house
ystävälleen	for/to his/her/their friend

Exceptions are the basic (nominative) form of the noun and the partitive and genitive cases. This construction is never used if the noun ends in a consonant (such as in the genitive case), or if there is already a long vowel (as in the partitive). In these cases the ending -*nsa*/-*nsä* must be used. In the genitive case, the -n ending is dropped.

Nominative:	Hänen kirjansa on hyllyssä.	His book is on the shelf.
Partitive:	Matti ei löydä kirjaansa.	Matti does not find his book.
Genitive:	Hänen ystävänsä nimi on Marja.	His/her friend's name is Marja.

If the case suffix ends in a consonant, it will be dropped before a possessive suffix. Therefore, the basic singular and plural forms, as well as the genitive singular, are identical when suffixed by a possessive ending.

kirjani	my book, of my book, my books
veljesi	your brother, of your brother, your brothers

The exact meaning of these forms only becomes obvious from the context.

4. "Gladly" and "With Pleasure"

To express that someone is doing something with pleasure, the word *mieli* (mood, spirits) is used in combination with the possessive suffixes, attached to the stem *mielellä-*.

Tulen mielelläni.	I am glad to come.
Jussi matkustaa mielellään Ruotsiin.	Jussi is happy to travel to Sweden.
Menemme mielellämme kotiin.	We are glad to go home.

5. Auxiliary Verbs

The most common auxiliary verbs are as follows:

haluta	to want to
aikoa	to intend
osata	to know how, can
voida	to be able, can
saada	to be allowed, may

täytyä	to have to, must
pitää	to have to, must
on pakko	must

These verbs typically do not function by themselves. Instead, they modify the meaning of another verb, commonly in the basic (infinitive) form.

In the first five verbs, the person performing the action is the subject of the sentence, and is therefore in the nominative case.

Haluan opiskella suomea.	I want to study Finnish.
Aiomme matkustaa kesällä Norjaan.	We intend to travel to Norway in the summer.
Kalle osaa puhua englantia.	Kalle can speak English.
En voi auttaa sinua.	I cannot help you.
Saanko käyttää puhelinta?	May I use the phone?

The verbs *täytyä*, *pitää* (see lesson 7) and *on pakko* are used in a different way. The person performing the action must be in the genitive form.

Minun täytyy mennä kotiin.	I must go home.
Liisan pitää soittaa lääkärille.	Liisa has to call the doctor.
Meidän on pakko oppia ruotsia.	We must learn Swedish.

HARJOITUKSIA

(Exercises)

1. Fill out the missing local suffixes:

Pekka asuu iso______ kerrostalo______.

Menen bussi______ keskusta______.

Saamme paketin ulkomaalai______ opiskelija______.

Lautta lähtee Suomenlinna______ iltapäivä______.

Ostamme leipää ruokakauppa______.

Jussi tulee asema______ ja menee kauppa______.

Taulut seinä______ ovat Espanja______.

Pidän kovasti ranskalai______ kirja______.

Anna (give) Pekka______ kirja!

2. Put the nouns in parentheses into the appropriate possessive form as indicated:

(sinä / asunto) ______________ ei ole kovin iso.

(me / perhe) ______________ asuu Helsingissä.

(minä / koira) ______________ nimi on Peni.

(hän / ystävä) ______________ on insinööri.

(he / auto) _______________ seisoo kadulla.

(te / laiva) _______________ lähtee pian.

3. Write a sentence about each member of your family, if applicable:

äitini

isäni

siskoni

veljeni

isoäitini

isoisäni

vaimoni

mieheni

lapseni

4. Use the phrase *mielellä* in the following sentences suffixed by the appropriate possessive ending:

Jussi menee __________________ kesämökille.

Juotko __________________ mehua?

Minä asun __________________ Helsingissä.

He eivät __________________ puhu puhelimessa.

Lähdemme __________________ työmatkalle.

Syöttekö __________________ salaattia?

5. How would you say the following phrases in Finnish?

in our house

from their city

about my mother

to your friend

out of his house

into your room

6. Complete the sentences by adding a suitable auxiliary verb:

Mikko __________________ matkustaa kesällä Norjaan.

Emme __________________ puhua ranskaa.

Valitettavasti en __________________ auttaa.

Onko sinun __________________ lähteä nyt?

__________________ kertoa perheestäni.

He eivät __________________ kirjoittaa meille.

KAPPALE 9

LESSON 9

KESKUSTELU

Seurasaaressa

Mikko ja Pekka kertovat amerikkalaisille ystävilleen Seurasaaren kuuluisasta ulkomuseosta.

MIKKO: Tekeekö mieli lähteä tänään Seurasaareen?

NANCY: Minkälainen paikka Seurasaari oikeastaan on?

PEKKA: Se on hyvin suosittu ulkoilupaikka ja siellä on kuuluisa ulkomuseo.

JOHN: En ymmärrä mitä 'ulkomuseo' tarkoittaa. Mitä siellä voi nähdä?

PEKKA: Saaressa on vanhoja rakennuksia maan eri alueilta. Ja taloissa on näyttelyjä siitä, kuinka suomalaiset elivät maalla vuosisatoja sitten.

NANCY: Minua se kiinnosta kovasti. Minä pidän vanhoista esineistä ja perinteisistä rakennuksista. Lähdetään.

PEKKA: Menemme bussilla numero kaksikymmentäneljä. Tuolla on bussipysäkki.

MIKKO: Mutta muistatko, että ensin meidän täytyy ostaa pähkinöitä!

JOHN: Pähkinöitä? Minkä takia tarvitsemme Seurasaaressa pähkinöitä?

DIALOGUE

On the Seurasaari Island

Mikko and Pekka are telling their American friends about the famous open-air museum of Seurasaari.

MIKKO: Do you feel like going to Seurasaari today?

NANCY: What kind of a place is Seurasaari really?

PEKKA: It is a very popular outdoor area, and there is a famous outdoor museum.

JOHN: I don't understand what 'outdoor museum' means. What can one see there?

PEKKA: On the island, there are old buildings from different parts of the country. And in the houses, there are exhibits about how Finns used to live in the countryside centuries ago.

NANCY: I am very interested in it. I like old objects and traditional buildings. Let's go.

PEKKA: We go on bus number twenty-four. Over there is the bus stop.

MIKKO: But remember, that first we must buy nuts!

JOHN: Nuts? Why do we need nuts on Seurasaari?

PEKKA: Seurasaaressa on paljon ystävällisiä oravia. Jos sinulla on pähkinöitä, ne tulevat ja syövät kädestäsi. Ne ovat hyvin mukavia.

NANCY: Ihanko totta?!

Mikko, Pekka, Nancy ja John kävelevät Seurasaaressa.

NANCY: Kuinka kauniita vanhoja rakennuksia!

PEKKA: Kartan mukaan täällä on yhteensä kahdeksankymmentäviisi rakennusta.

NANCY: Pääsemmekö myös näihin taloihin?

PEKKA: Kyllä, jos ne ovat auki.

NANCY: Ja tuolla näkyy kirkon torni. Sinne meidän on pakko mennä.

MIKKO: Emme valitettavasti pääse sisään. Kirkossa on häät juuri nyt.

JOHN: Minua väsyttää. Saako täällä mistään kahvia?

PEKKA: Tietysti saa. Kahvila on täällä aivan lähellä, tuon ison talon vieressä.

NANCY: Tässä tulee orava. Anna minulle pähkinäpussi! Katsokaa, kuinka se syö kädestäni!

MIKKO: Ensi viikolla Seurasaaressa on suuri juhla, perinteiset Juhannusvalkeat.

NANCY: Mikä se on?

PEKKA: On Seurasaari, there are many friendly squirrels. If you have nuts, they come and eat from your hand. They are very nice.

NANCY: Really?!

Mikko, Pekka, Nancy and John are walking on Seurasaari.

NANCY: What beautiful old buildings!

PEKKA: According to the map, there are altogether 85 buildings here.

NANCY: Can we also get into these houses?

PEKKA: Yes, if they are open.

NANCY: And there you can see a church tower. We must go there.

MIKKO: Unfortunately we cannot go inside. There is a wedding in the church right now.

JOHN: I am tired. Can you get coffee here somewhere?

PEKKA: Of course you can. The coffee shop is very close, next to that big house.

NANCY: Here comes a squirrel. Give me the bag of nuts! Look, how it is eating from my hand!

MIKKO: Next week, there is a big party on Seurasaari, the traditional Midsummer celebration.

NANCY: What is that?

MIKKO: Me suomalaiset juhlimme kun kesä on vihdoinkin täällä. Jos olette kiinnostuneita, voimme tulla katsomaan mitä täällä tapahtuu. Yleensä ihmiset soittavat kansanmusiikkia, tanssivat kansantansseja ja illalla sytyttävät kokkoja. Monet pukeutuvat perinteiseen kansallispukuun, ja tunnelma on leppoisa.

PEKKA: Ulkomaalaisille se on erittäin mielenkiintoista. Mutta monet suomalaiset viettävät Juhannusta maalla, omalla mökillään.

MIKKO: We Finns celebrate when summer is finally here. If you are interested, we can come and see what is happening here. Usually people play folk music, dance folk dances, and light bonfires in the evening. Many people dress in traditional national costumes, and there is a genial ambience.

PEKKA: It is very interesting to foreigners. But many Finns spend Midsummer in the country, in their own summer cottage.

VOCABULARY

ulkomuseo	outdoor museum
maa	country
alue	area
suomalaiset	Finnish people
elää	to live
maalla	in the country(side)
vuosisata	century
sitten	ago
kiinnostaa	to interest
esine	object
perinteinen	traditional
bussipysäkki	bus stop
että	that
pähkinä	nut
ystävällinen	friendly
orava	squirrel
käsi	hand
mukaan	according to
auki	open
kirkko	church
sisään	inside
häät	wedding
juuri nyt	right now
mistään	(from) anywhere
tietysti	of course
antaa	to give
pussi	bag
juhla	celebration
Juhannus	Midsummer
Juhannusvalkeat	Midsummer celebration
juhlia	to celebrate

vihdoinkin	finally
tapahtua	to happen
yleensä	generally
soittaa	to play (music, instrument)
kansanmusiikki	folk music
tanssia	to dance
kansantanssi	folk dance
sytyttää	to light, to set to fire
kokko	bonfire
pukeutua	to dress
kansallispuku	national dress, costume
tunnelma	ambience
leppoisa	genial
ulkomaalainen	foreigner
oma	own

USEFUL EXPRESSIONS

tekee mieli	to feel like doing something
minkä takia?	why? for what reason?
Ihan(ko) totta!	Really? Is that right?
Minua väsyttää.	I am tired.
ensi viikolla	next week
jos olette kiinnostuneita	if you are interested
tulla katsomaan	to come to see
illalla	in the evening

GRAMMAR

1. The Plural of the Local Cases

The local case suffixes can also be used with plural nouns. In the singular, they are attached to the genitive singular stem. In the plural, they are added to the plural stem. It is not very difficult to find the plural stem if you know the partitive plural. Detach the suffix from the partitive plural to find the plural stem (ending in -i-).

Partitive plural		*Plural of local case*
kouluj/a	kouluj- + -ssa	kouluissa
pöyti/ä	pöyti- + -llä	pöydillä

The *-i-/-j-* variation is a phonetic one: *-j-* occurs between two vowels and *-i-* between a vowel and a consonant. The rules of consonant gradation are, of course, in effect.

Several of the plural local cases are listed in Appendix 1, for the major inflectional types.

vanhoissa taloissa	in the old houses
ystävällisille oraville	for the friendly squirrels
näiltä mukavilta ihmisiltä	from these nice people
noihin kauniisiin rakennuksiin	into those beautiful buildings

This book does not go into great detail about the plural forms, which can get quite complex in many nouns and adjectives. Therefore, if you need to use them, for the time being the best thing is just to find them in the Appendix.

2. The Case of the Direct Object

In Finnish, the direct object of the sentence can be in the partitive, genitive or nominative case, depending on various grammatical and syntactical circumstances. Here are the most common scenarios:

1. Negative sentences

The direct object is always in the partitive case.

2. Affirmative sentences

a. The direct object is in the partitive case if it expresses an indefinite (singular or plural) quantity.

Syömme makkaraa ja juomme olutta.	We are eating (some) sausage and drinking (some) beer.
Torilta ostan perunoita ja kukkia.	I buy potatoes and flowers at the market square.

b. The direct object is in the genitive case if it is a countable item or a definite amount (in the singular).

Syön omenan.	I will eat the apple.
Tapaamme Mikon.	We are meeting Mikko.

c. The direct object is in the nominative plural case if it expresses a definite number of countable things.

Pekka ostaa omenat ja syö ne.	Pekka buys the apples and eats them.

d. The direct object is in the nominative (basic) form if it is the object of a command or a construction with the auxiliary verb *täytyy*.

Anna minulle avain!	Give me the key!
Minun täytyy löytää avain.	I must find the key.

e. If the direct object is a personal pronoun, it will use a special form: the genitive stem (minu-, sinu-, etc.) suffixed by *-t*.

Vien hänet päiväkotiin.	I am taking him/her to the daycare center.

f. However, if the verb expresses an ongoing or incomplete action, which does not produce a final result, the direct object is in the partitive case.

Luen sanomalehteä.	I am (in the process of) reading the newspaper.
vs.	
Luen sanomalehden.	I will read the (entire) paper.

g. Exceptions.

Some verbs always require the direct object to be in the partitive case. Such verbs include those expressing feelings or emotions which, by nature, are continuous (e.g., *rakastaa, ihailla, vihata, pelätä*, etc.). But there also are others (e.g., *opiskella, harrastaa, odottaa, häiritä*, etc.). The best thing is to memorize these verbs.

Poika pelkää koiraa.	The boy is afraid of the dog.
Opiskelemme suomea.	We are studying Finnish.

Odotan sinua.	I am waiting for you.
Harrastan tennistä.	My hobby is tennis.
Musiikki häiritsee häntä.	The music is disturbing her.

3. Geographical Names

You have seen in the previous chapters that there are two ways to inflect the names of towns, cities and countries. Some names take the suffix *-ssa/-ssä*, others take *-lla/-llä*. In other words, some places are considered interior, whereas others are exterior. The *-ssa/-ssä* suffix is more common. Almost all countries take this suffix.

Englanti	Englannissa	in England
Saksa	Saksassa	in Germany
Espanja	Espanjassa	in Spain

Exception:

Venäjä	Venäjällä	in Russia

Most foreign cities are considered internal locations. If their name ends in a consonant, a linking *-i-* will be inserted before the case ending.

Pariisi	Pariisissa	in Paris
New York	New Yorkissa	in New York
Oslo	Oslossa	in Oslo

Finnish cities can be inflected either internally or externally. There is no certain rule, but a general guideline is that if the name contains a geographical word (such as *mäki* [hill], *joki* [river], *koski* [rapids], *niemi* [peninsula], *järvi* [lake] etc.), then the place will be considered an external location and will take external suffixes. Otherwise, if you have to guess, guess internal.

Helsinki	Helsingissä	in Helsinki
Kuopio	Kuopiossa	in Kuopio
Turku	Turussa	in Turku

But:

Seinäjoki	Seinäjoella	in Seinäjoki
Kuusankoski	Kuusankoskella	in Kuusankoski
Kerimäki	Kerimäellä	in Kerimäki
Rovaniemi	Rovaniemellä	in Rovaniemi
Saarijärvi	Saarijärvellä	in Saarijärvi

The same exterior/interior distinction also applies when we talk about going to or coming from a particular city.

Helsinkiin	to Helsinki	Rovaniemelle	to Rovaniemi
Helsingistä	from Helsinki	Rovaniemeltä	from Rovaniemi

4. More on the Partitive

There are some constructions where the subject is in the partitive case. This happens with some verbs that express physical feelings or sensations.

Minua väsyttää.	I am tired.
Minua janottaa.	I am thirsty.
Minua nukuttaa.	I am sleepy.

5. To be Interested in Something

The verb *kiinnostaa* (to interest) can be used in two different ways.

1. With a partitive subject.

Nykytaide kiinnostaa minua.	Modern art interests me.

2. With a nominative subject and the elative case.

Olen kiinnostunut nykytaiteesta.	I am interested in modern art.
Olemme hyvin kiinnostuneita tästä.	We are very interested in this.

6. General Subjects

The subject is commonly omitted when it does not refer to any particular person. In such sentences, the verb is in the third person singular form.

Saako täällä kahvia?	Can one get some coffee here?
Voiko ostaa postikortteja?	Can one buy postcards?

HARJOITUKSIA

(Exercises)

1. Answer the questions:

Minkälainen paikka Seurasaari on?

Missä se on?

Mikä bussi menee sinne?

Millaisia rakennuksia siellä on?

Pidätkö sinäkin vanhoista asioista?

Mistä Seurasaaren oravat pitävät?

Miksi ystävämme eivät pääse kirkkoon?

Kuinka suomalaiset viettävät Juhannusta?

Tiedätkö milloin Juhannus on?

2. Put the following sentences into the plural. Refer to the Appendix for the plural forms:

Orava asuu tässä isossa puussa.

Annan pähkinän ystävälliselle oravalle.

Pekka ostaa suuren omenan uudesta kaupasta.

Mennään tähän vanhaan taloon.

Pidän tuosta kauniista rakennuksesta.

Tämän nuoren ihmisen ystävä on mukava.

Panen uuden kirjan tälle isolle pöydälle.

3. Put the object into the correct form:

Ostan ________________ ja ________________ kauppatorilta. (sipuli, kukka)

Lapsi syö ________________. (piirakka)

Anna minulle________________. (lasi)

Äiti lukee ________________ aamulla. (lehti)

Pekka tapasi ________________. (Mikko)

Lapset ovat nuoria. ________________ täytyy viedä kouluun. (he)

Juon mielelläni ________________. (kahvi)

4. Where do you want to travel?

Haluan matkustaa ________________ to Spain

________________ to Russia

________________ to the Åland Islands

________________ to France

________________ to New York

________________ to Rovaniemi

________________ to Northern Finland

5. How would you say the following phrases in Finnish?

   I am interested in old wooden buildings.

   Where is the bus stop?

   We must go there.

   I am tired and thirsty.

   Oh, really!?!

6. Find a logical connection between the nouns on the right hand side and the places on the left and form a sentence with each pair. Be creative and make the sentences as long as you can.

   Example:
   Laiva - Ruotsi Laiva lähtee Ruotsiin. or: Laivamatka Ruotsiin kestää 16 tuntia.

   Suomenlinna laiva

   Seurasaari kävellä

   Kappeli raitiovaunu

Kauppatori	vanha linnoitus
Ruotsi	kansanmusiikki
Esplanadi	mansikka
Juhannus	kahvi
Mannerheimintie	vanhoja puurakennuksia

KAPPALE 10

LESSON 10

KESKUSTELU

Missä kävitte viikonloppuna?

Nancy ja John kertovat suomalaisille ystävilleen viikonloppumatkasta.

Mikko: Missä kävitte viime viikonloppuna? Olitteko poissa? Yritin soittaa teille monta kertaa.

Nancy: Kyllä olimme muutaman päivän poissa. Teimme päivittäin retkiä Etelä-Suomessa.

Pekka: Sen takia kysyit viime viikolla mistä voi vuokrata auton.

Nancy: Kyllä. Vuokrasimme auton Hertziltä, kuten suosittelit.

Pekka: Kertokaa mihin menitte ja mitä näitte.

John: Torstaina lähdimme Porvooseen.

Nancy: Vietimme aamupäivän siellä.

Mikko: Pidittekö Porvoosta?

Nancy: Oikein paljon. Porvoo on viehättävä pikkukaupunki. Otin monta valokuvaa vanhoista puurakennuksista.

DIALOGUE

Where Did You Go During the Weekend?

Nancy and John are telling their Finnish friends about their weekend trip.

MIKKO: Where were you last weekend? Were you away? I tried to call you many times.

NANCY: Yes, we were away for a few days. We took day trips in southern Finland.

PEKKA: That's why you asked last week where one can rent a car.

NANCY: Yes. We rented a car from Hertz, as you recommended.

PEKKA: Tell us where you went and what you saw.

JOHN: On Thursday, we went to Porvoo.

NANCY: We spent the morning there.

MIKKO: Did you like Porvoo?

NANCY: Very much. Porvoo is a charming little town. I took many pictures of the old wooden buildings.

JOHN: Halusimme jatkaa matkaa Porvoosta eteenpäin rannikolla mutta huomasimme kartasta, että Lappeenranta on aika lähellä. Minulla on vanha koulukaveri siellä. Hän oli vaihto-oppilaana meidän koulussa monta vuotta sitten, ja hänen nimensä oli Heikki Saarinen.

MIKKO: Oliko sinulla hänen osoitteensa?

JOHN: Ei. Mutta löysin sen puhelinluettelosta. Soitin hänelle ja tapasimme Lappeenrannan satamassa. Hän kutsui meidät sitten heille kylään.

NANCY: Juttelimme niin kauan että Heikki kutsui meidät myös yöksi. Me nukuimme pienessä vierasmökissä.

JOHN: Ja seuraavana päivänä teimme laivamatkan Saimaalla. Se oli todella kaunis.

NANCY: Pitää paikkansa, että Suomi on tuhansien järvien maa. Näimme ainakin sata järveä näinkin lyhyillä matkoilla.

PEKKA: Suomessa on oikeastaan yli satatuhatta järveä, mutta kukaan ei tiedä tarkkaan.

JOHN: Lauantaina teimme sitten retken Turkuun ja sunnuntaina ajoimme Lahteen.

PEKKA: Oliko teillä kartta ja matkaopas mukana?

NANCY: Totta kai. Luimme vähän näiden kaupunkien historiasta ja nähtävyyksistä.

JOHN: We wanted to continue the trip from Porvoo on the coast but we noticed on the map that Lappeenranta is quite close. I have an old schoolmate there. He was an exchange student in our school many years ago and his name was Heikki Saarinen.

MIKKO: Did you have his address?

JOHN: No. But I found it in the phone book. I called him and we met in the harbor of Lappeenranta. Then he invited us to their place.

NANCY: We talked so long that Heikki invited us to stay for the night also. We slept in a little guesthouse.

JOHN: And on the next day we took a boat trip on Lake Saimaa. It was really beautiful.

NANCY: It is true that Finland is the land of a thousand lakes. We saw at least a hundred lakes even on these short trips.

PEKKA: There are actually over 100,000 lakes in Finland but nobody knows exactly.

JOHN: Then on Saturday we took a trip to Turku, and on Sunday we drove to Lahti.

PEKKA: Did you have a map and tour book with you?

NANCY: Of course. We read a little about the history and sights of these cities.

MIKKO: Millainen ilma oli?

JOHN: Ilma oli upea ja aurinko paistoi koko ajan.

MIKKO: Ja täällä Helsingissä satoi vettä koko ajan.

MIKKO: What was the weather like?

JOHN: The weather was magnificent and the sun was shining all the time.

MIKKO: And here in Helsinki it was raining all the time.

VOCABULARY

viikonloppu	weekend
poissa	away
yrittää	to try
muutama	a few
päivittäin	daily
retki	trip
etelä	south
vuokrata	to rent
kuten	as, just like
ehdottaa	to suggest, to recommend
torstai	Thursday
aamupäivä	morning
siellä	there
viehättävä	charming
pikkukaupunki	small town
valokuva	photograph
puu	wooden (also tree)
eteenpäin	further
rannikko	coast
huomata	to notice
koulukaveri	schoolmate
vaihto-oppilas	exchange student
osoite	address
löytää	to find
puhelinluettelo	phone book
kutsua	to invite
kauan	long
yö	night
vierasmökki	guest cottage
ainakin	at least
yli	more than

ei kukaan	nobody
tarkkaan	exactly
sunnuntai	Sunday
ajaa	to drive
matkaopas	tour book
nähtävyys	attraction, sight
upea	magnificent
aurinko	sun
paistaa	to shine

USEFUL EXPRESSIONS

monta kertaa	many times
tehdä retki	to make a trip
sen takia	that's why
viime viikolla	last week
kutsua kylään	to invite somebody to visit
yöksi	for the night
seuraavana päivänä	on the next day
pitää paikkansa	it is true
tuhansien järvien maa	land of the thousand lakes
minulla on ... mukana	I have ... with me
totta kai	of course
sataa vettä	it is raining
koko ajan	all the time

GRAMMAR

1. The Past Tense

The past tense of verbs must be used when describing events that have already occurred. It is formed by adding *-i-* between the present tense stem and the personal endings. The personal endings are the same as in the present, with the exception of the third person singular, which lacks an ending.

Since the past tense suffix may cause changes in the stem, it is again a good idea to memorize the past tense form of every new verb. This form is listed as the third of the principal parts in Appendix 2. The individual conjugated forms will have the same consonant gradation as the present tense.

Recall the grouping of verbs from lesson 1 and see how their past tense is formed.

Group I:

Verbs in this group form the past tense form by inserting *-i-* between the stem and the personal ending.

puhun	I speak	puhu-i-n	I spoke
puhut	you speak	puhu-i-t	you spoke
puhuu	s/he speaks	puhu-i	s/he spoke
puhumme	we speak	puhu-i-mme	we spoke
puhutte	you speak	puhu-i-tte	you spoke
puhuvat	they speak	puhu-i-vat	they spoke

If the stem ends in *-a, -ä,* or *-e*, it is replaced by the *-i-* suffix.

kirjoitan	I write	kirjoitin	I wrote
kirjoitat	you write	kirjoitit	you wrote

Verbs whose basic (infinitive) form ends in *-taa/-tää* will receive an additional *-s-* before the past tense suffix can be attached.

tietää	to know	tiesin	I knew
piirtää	to draw (a picture)	piirsin	I drew

Group II:

To get the past tense form, detach the infinitive ending *-da/ -dä*. If the remaining stem ends in a consonant or a double vowel, replace the last letter of the stem by the *-i-* suffix. If the stem ends in a diphthong (a combination of two different vowels), drop the first of the two vowels and then add the *-i-*.

tehdä	to do	tein	I did
nähdä	to see	näimme	we saw
myydä	to sell	myi	s/he sold
syödä	to eat	söit	you ate
juoda	to drink	joivat	they drank

Group III:

To form the past tense of these verbs, add *-s-* before the past tense suffix, which replaces the linking vowel.

tapaan	I meet	tapa-s-i-n	I met
tapaat	you meet	tapa-s-i-t	you met
tapaa	s/he meets	tapa-s-i	s/he met

Group IV:

To form the past tense of verbs in this group, simply replace the linking vowel *-e-* of the present tense with the *-i-* of the past tense. Notice that in the third person singular, there is only one *-i* as opposed to the *-ee* of the present tense ending.

tulen	I come	tulin	I came
tulet	you come	tulit	you came
tulee	s/he comes	tuli	s/he came
tulemme	we come	tulimme	we came
tulette	you come	tulitte	you came
tulevat	they come	tulivat	they came

Similarly:

menin	I went
olin	I was
opiskelin	I studied

2. The Past Tense of Auxiliary Verbs

When there is an auxiliary verb in a sentence describing past events, it will be in the past tense form. The main verb will remain in the basic (infinitive) form. The past tense forms of the auxiliaries are as follows:

haluta	halusi
aikoa	aikoi
osata	osasi
voida	voi
saada	sai
täytyä	täytyi
pitää	piti
on pakko	oli pakko

Halusin mennä kotiin.	I wanted to go home.
Kalle aikoi ostaa kijan.	Kalle intended to buy the book.
Lapsi osasi vastata oikein.	The child could answer correctly.
Voimme lähteä.	We could leave.
Sain olla mukana.	I was permitted to be present.
Heidän täytyi syödä sen.	They had to eat it.
Meidän piti lähteä.	We had to leave.
Sinun oli pakko säästä rahat.	You had to save money.

3. The Genitive Plural

To find the stem, detach the ending from the partitive plural form and add the genitive plural suffix instead. There are four possible suffixes.

a. *-ien* if the partitive plural ends in *-ia/-iä* or *-eja/-ejä*

e.g.,	ystävä	ystäv/iä	ystäv/ien	of the friends, the friends'

b. *-jen* if the partitive plural ends in *-ja/-jä*

e.g.,	matka	matko/ja	matko/jen	of the trips, the trips'

c. *-iden* if the partitive plural ends in *-ita/-itä*
This is favored over the alternative, but less commonly used, *-itten*.

e.g.,	huone	huone/ita	huone/iden (huone/itten)	of the rooms, the rooms'

d. *-ten* if the nominal stem ends in a consonant, use the partitive singular form to find the required stem by detaching the *ta/-tä* ending)

e.g., lapsi	las/ta	las/ten	of the children, the children's
mies	mies/tä	mies/ten	of the men, the men's

This group includes all nouns and adjectives ending in *-nen.*

e.g., nainen	nais/ta	nais/ten	of the women, the women's
suomalainen	suomalais/ta	suomalais/ten	

Determining the correct form can be complex. For now, it is easier just to find the genitive plural in Appendix 1, until you become more confident with it.

Äitien päivä	Mothers' Day
uusien kirjojen hinta	the price of new books
näiden vaatteiden koko	the size of these clothes
pienten lasten huone	the little children's room
Suomalais-ugrilaisten kielten keskus	Center for Finno-Ugric Languages

4. The Essive Case

The essive case suffix is *-na/-nä*. It is used in many idiomatic contexts, but for the moment, you only need to be aware of the following main areas of use.

1. In several time expressions, including the days of the week.

viime vuonna (but: viime viikolla!)	last year
ensi kesänä	next summer

tänä iltana	this evening
seuraavana päivänä	on the next day
maanantaina	on Monday
tiistaina	on Tuesday
keskiviikkona	on Wednesday
torstaina	on Thursday
perjantaina	on Friday
lauantaina	on Saturday
sunnuntaina	on Sunday

2. When describing someone's job, position or capacity.

Heikki oli vaihto-oppilaana koulussamme.	Heikki was an exchange student in our school.
Olin arkkitehtina työssä.	I was working as an architect.

HARJOITUKSIA

(Exercises)

1. Form a simple sentence from the given words and then write it in the past tense for all persons:

ostaa / kartta	Ostin kartan. / Ostit kartan. / Hän osti kartan. Etc.
mennä / keskusta	
puhua / suomi	
opiskella / taide	
katsoa / nähtävyys	
soittaa / ystävä	

2. Put the following sentences into the past tense:

Vuokraamme auton.

Menen syömään.

Juotko kahvia?

Mikko lukee kirjaa.

Ilma on upeaa.

Haluatteko nähdä näyttelyn?

Pojat lähtevät retkelle.

Aurinko paistaa koko päivän.

Löydätkö osoitteen?

3. Answer the questions based on the dialogue:

Montako järveä Suomessa on?

Kuka on Heikki Saarinen?

Missä hän asuu?

Minkälainen kaupunki Porvoo on?

Missä John ja Nancy kävivät matkoilla?

Matkustivatko he bussilla?

Mikä on Saimaa?

4. Millaista ohjelma sinulla on tällä viikolla? Write a sentence about what you did each day of the week:

Maanantaina

Tiistaina

Keskiviikkona

Torstaina

Perjantaina

Lauantaina

Sunnuntaina

5. Construct genitive plural phrases using the words provided:

poika / asunto	poikien asunto
asunto / hinta	
maa / koko	
lapsi / huone	
isä / päivä	
talo / ikkuna	
kaupunki / tunnelma	

6. Add an auxiliary verb to each sentence, while keeping it in the past tense:

Tapasin Pekan.	Halusin tavata Pekan.
Menimme kotiin.	
Leena osti kukkia.	
Opiskelin suomea.	

Mikko lähti Ruotsiin.

Lapset katsoivat elokuvaa.

Kävelimme keskustassa.

KAPPALE 11

LESSON 11

KESKUSTELU

Epäonnen päivä

Eilen Nancyllä oli paha päivä. Hän kertoo Pekalle mitä kaikki on tapahtunut.

PEKKA: Millaista oli eilen illalla bileissä?

NANCY: Älä kysy! Emme päässeet. Eilen ei ollut ollenkaan hyvä päivä. Se alkoi jo heti aamulla, kun suomen kielen oppitunnin piti alkaa kello yhdeksän. Me odotimme puoli tuntia. Opettaja ei tullut. Kukaan ei tiennyt mitään hänestä.

PEKKA: Miksi ette soittaneet minulle?

NANCY: Halusin soittaa sinulle, mutta ensin en löytänyt puhelinkorttiani, ja sitten kun löysin sen, huomasin ettei kortilla ollut enää rahaa. Menin kioskiin ostamaan uutta korttia mutta se ei ollut vielä auki. Tunnelista ostin vihdoinkin kortin, ja soitin, muttet vastannut.

PEKKA: Olin kokouksessa siihen aikaan.

NANCY: Sitten alkoi sataa, eikä minulla ollut sateenvarjoa mukana.

PEKKA: Kastuitko?

DIALOGUE

A Day of Bad Luck

Yesterday Nancy had a bad day. She is telling Pekka what all happened.

PEKKA: How was it last night at the party?

NANCY: Don't ask! We didn't make it. Yesterday wasn't a good day at all. It started first thing in the morning, when the Finnish language class was supposed to start at nine o'clock. We waited for a half hour. The teacher didn't come. Nobody knew anything about her.

PEKKA: Why didn't you call me?

NANCY: I wanted to call you, but at first I couldn't find my phone card, and then when I found it, I noticed that there was no money left on the card. I went to the kiosk to buy a new card, but it wasn't open yet. Finally, I bought a card in the Tunnel, and called, but you didn't answer.

PEKKA: I was in a meeting at that time.

NANCY: Then it started to rain, and I didn't have an umbrella with me.

PEKKA: Did you get wet?

NANCY: En kastunut, koska juoksin kirjakauppaan, mutta siellä minun piti odottaa melkein tunti. Halusin ostaa englanninkielisen kirjan Suomen historiasta, mutta sellaista kirjaa ei ollut saatavana. Sateen takia en ehtinyt käydä ostoksilla.

PEKKA: Mitä halusit ostaa?

NANCY: Halusin ostaa viinipullon koska illalla meidän piti mennä ulkomaalaisten opiskelijoiden bileisiin. En löytänyt mistään kauppaa, jossa oli viiniä myytävänä.

PEKKA: Suomessa vain erikoisliikkeistä voi ostaa alkoholijuomia. Niiden nimi on Alko.

NANCY: Vai niin. En tiennyt. Mutta tarina jatkuu. John ei löytänyt osoitetta eikä puhelinnumeroa, emme siis päässeet ollenkaan bileisiin.

PEKKA: Kenen luona bileet olivat?

NANCY: Opettajamme luona. Mutta emme muistaneet missä hän asuu.

PEKKA: Miksi ette katsoneet puhelinluettelosta?

NANCY: Katsoimme, mutta siinä oli satoja Jokisia.

PEKKA: Kyllä, niitä on vaikka kuinka paljon.

NANCY: I didn't get wet, because I ran into the bookstore, but I had to wait there almost an hour. I wanted to buy a book in English about the history of Finland, but there was no such book available. Because of the rain, I didn't have time to go shopping.

PEKKA: What did you want to buy?

NANCY: I wanted to buy a bottle of wine, because we were supposed to go to the foreign students' party in the evening. I didn't find a store that sold wine anywhere.

PEKKA: In Finland, you can only buy alcoholic beverages in specialty stores. Their name is Alko.

NANCY: Oh, really! I didn't know. But the story continues. John didn't find the address or the phone number, so we didn't make it to the party at all.

PEKKA: Whose place was the party at?

NANCY: At our teacher's. But we didn't remember where he lives.

PEKKA: Why didn't you look in the phone book?

NANCY: We did look, but there were hundreds of Jokinens.

PEKKA: Yes, who knows how many of them there are.

NANCY: Kello kymmenen illalla huomasin ettei kotona ole leipää ja minulla oli kova nälkä. Lähin kauppa oli jo kiinni. En halunnut lähteä Tunneliin niin myöhään.

PEKKA: No niin. Toivottavasti tänään on parempi päivä kuin eilen.

NANCY: At ten o'clock in the evening, I noticed that there was no bread at home, and I was very hungry. The nearest store was already closed. I didn't want to go to the Tunnel so late.

PEKKA: Oh well. Hopefully today will be a better day than yesterday.

VOCABULARY

epäonni	bad luck
eilen	yesterday
paha	bad
bileet	party
puhelinkortti	phone card
kioski	booth, kiosk
vastata	to answer
kokous	meeting
sateenvarjo	umbrella
kastua	to get wet
juosta	to run
englanninkielinen	English language (adjective)
sade	rain
takia	because of
ehtiä	to have the time for something
viinipullo	bottle of wine
erikoisliike	specialty store
juoma	drink
alkoholijuoma	alcoholic beverage
tarina	story
jatkua	to continue
puhelinnumero	phone number
luona	at someone's place
lähin	nearest
kiinni	closed
myöhään	late
toivottavasti	hopefully
parempi	better
kuin	than

USEFUL EXPRESSIONS

siihen aikaan	at that time
olla saatavana	to be available
olla myytävänä	to be sold
Vai niin!	Is that it? Really?
vaikka kuinka paljon	who knows how many
no niin	well then

GRAMMAR

1. The Past Tense—Negation

It is a little complex to negate a sentence in the past tense. You cannot simply negate the past tense form of the verb, which you learned in the previous chapter. You have to use a different verb form and construction. The negated form of the past tense is the combination of two elements: the appropriate conjugated form of *ei* and the past participle form of the main verb.

The past participle is the fourth principal part of the verb and its suffix is *-nut/-nyt* in the singular and *-neet* in the plural. This is added to the infinitive stem of the verb (which remains after detaching the infinitive suffix).

puhu/a	puhu/nut	puhu/neet
laula/a	laula/nut	laula/neet
men/nä	men/nyt	men/neet
syö/dä	syö/nyt	syö/neet

If the infinitive stem ends in *-l*, *-r*, or *-s*, the first letter of the suffix -nut/-nyt will change to the same letter:

ol/la	ol/lut	ol/leet
juos/ta	juos/sut	juos/seet
sur/ra	sur/rut	sur/reet

In verbs where the infinitive ending is *-ta/-tä*, an additional *-n* is added to the stem before the past participle suffix.

tava/ta	tavan/nut
halu/ta	halun/nut

vasta/ta	vastan/nut
tarvita	tarvin/nut

If we combine the appropriate conjugated form of the negation verb *ei* and the past participle form of the main verb, the structure will look like this:

En sanonut sitä.	I did not say that.
Et nähnyt Kaisaa.	You did not see Kaisa.
Pekka ei asunut maalla.	Pekka did not live in the country.
Emme menneet kotiin.	We did not go home.
Ette tavanneet heitä.	You (all) did not meet them.
He eivät lukeneet tätä kirjaa.	They did not read this book.

However, if the pronoun *te* is used in formal discourse referring to one person, the past participle must be in the singular.

Ette lähtenyt lauantaina.	You (formal singular) did not leave on Saturday.

vs.

Ette lähteneet lauantaina.	You (informal plural or formal plural) did not leave on Saturday.

2. Asking Questions in the Past Tense

For affirmative questions, use the simple past tense form.

Milloin menit elokuviin?	When did you go to the movies?
Menitkö elokuviin?	Did you go to the movies?

For negative questions you must use the compound form.

Ettekö nähneet tuota elokuvaa?	Did you (all) not see that film?
Etkö tuntenut Pekkaa?	Didn't you know Pekka?

3. The Comparison of Adjectives

3.1 Equation of Two Qualities

When we want to say that two qualities or characteristics are equal, we can do it by using the adverb combination *ythä...kuin.*

Paavo on yhtä vanha kuin Pauli.	Paavo is as old as Pauli.
Paavo ja Pauli ovat yhtä vanhat.	Paavo and Pauli are equally old.

Adjectives also can be compared using the basic form.

Paavo ei ole niin vanha kuin Pauli.	Paavo is not as old as Pauli.

3.2 The Comparative Form

Adjectives can also be compared with the help of the suffix *-mpi.* The comparative adverb is *kuin.*

Tämä koira on isompi kuin tuo koira.
Mikko on nuorempi kuin Pekka.

Similar to most case endings, this suffix is added to the genitive stem (if it is different from the nominative stem).

In two-syllable adjectives ending in short *-a/-ä,* the final vowel changes to *-e-* before the comparative suffix.

kuuma	kuume/mpi
kylmä	kylme/mpi

As always, there are some irregular forms as well.

hyvä	parempi
pitkä	pitempi

The inflectional stem of comparative forms is *-mpa-*. This stem must be used when we want to attach more suffixes, e.g., local case endings, plural, genitive or partitive endings. The comparative suffix always precedes other suffixes.

iso	isompi	isompa- + -ssa	isommassa

Isommassa talossa asuu enemmän ihmisiä.	More people live in the bigger house.

vanha	vanhempi	vanhempa- + -lle	vanhemmalle

Kirjoitan kirjeen vanhemmalle veljelleni.	I am writing a letter to my older brother.

Note that the word *vanhemmat* – parents – is the basic plural of the comparative form of the adjective *vanha*. 'My parents' is *vanhempani.*

4. The Negative Imperative

In addition to giving positive commands, you also can tell people not to do something. This, in Finnish, is done with the help of the particles *älä* and *älkää*.

4.1 Singular

The negative command is a combination of the particle *älä* and the stem of the verb. Recall from chapter 3 that the stem, that is used for affirmative commands, is formed by dropping the first person singular ending from the present tense form of the verb.

Älä tee mitään!	Do not do anything!
Älä syö niin paljon!	Do not eat so much!

This form also is used to express the speaker's surprise.

Älä sano!	You don't say!
(colloquially: Älä nyt!)	

4.2 Plural

The plural imperative uses the particle *älkää*. In addition, the infinitive stem of the main verb is suffixed with *-ko/-kö*.

Älkää juo/ko olutta!	Do not drink beer!
Älkää men/kö ulos!	Do not go outside!

5. Contracted Negative Forms

The negation verb *ei* readily contracts with the conjunctions *että* and *mutta* whenever they introduce a negative sentence. This is primarily for ease of pronunciation.

mutta + en / et / ei / emme / ette / eivät
mutten / muttet / muttei / muttemme / muttette / mutteivät

että + en / et / ei / emme / ette / eivät
etten / ettet / ettei / ettemme / ettette / etteivät

Soitin sinulle muttet vastannut.	I called you, but you didn't answer.
Sanoin sinulle etten ole kotona tänään.	I told you that I am not at home today.

Whenever the negation verb follows the conjunction *ja* ("and"), use *eikä* ("and not") instead.

Eilen oli kaunis ilma, eikä satanut.	Yesterday the weather was pretty, and it didn't rain.

HARJOITUKSIA

(Exercises)

1. Fill in the missing verb forms:

mennä	meni	ei mennyt	eivät menneet
lukea	______	ei lukenut	______________
________	katsoi	__________	______________
olla	______	ei ollut	______________
________	tarvitsi	__________	eivät tarvinneet
syödä	______	__________	eivät _________
________	______	ei muistanut	______________
tavata	______	__________	______________

2. Negate the following sentences while keeping them in the past tense:

Mikko soitti minulle.

Katsoimme elokuvaa.

Tapasitko Pekan?

Kävin torilla ostoksilla.

Maksoiko kirja paljon?

Tutustuitteko Suomeen?

Kauppa oli kiinni.

Huomasin että satoi.

3. What went wrong with Nancy's day yesterday? Write negative sentences in the past tense based on the dialogue:

   Suomen oppitunti ei alkanut kello yhdeksän.

   Opettaja

   Puhelinkortilla

   Kioski

   Kirja

   John

4. What was the question?

   Menimme kotiin kello kolme.

   Kyllä, jatkoimme matkaamme.

   Ajoimme autolla.

   Ohjelma alkoi kello kuusi.

Mikko ehdotti sen.

Emme huomanneet mitään.

En valitettavasti ehtinyt.

5. Tell these people not to do the following things:

   Mikko / soittaa Leenalle

   Pekka / kysyä *jotain*

   (think about how you would negate *something*)

   Pojat / mennä kaupunkiin

   Lapset / juoda olutta

6. Construct sentences by comparing the people, places or things as indicated:

   (age) Pekka > Mikko

   (size) koira < kissa

   (quality) viini > olut

   (temperature) Suomi < Italia

   (looks) Porvoo > Lahti

KAPPALE 12

LESSON 12

KESKUSTELU

Kesä on ohi

Ystävät tapaavat viimeisen kerran ennen Nancyn ja Johnin lähtöä ja juttelevat kesän tapahtumista.

NANCY: Kuinka nopeasti kesä onkaan mennyt! Oleskelumme Suomessa on melkein ohi.

MIKKO: Milloin lähdette kotiin?

JOHN: Jo ensi sunnuntaina.

PEKKA: Oletteko viihtyneet hyvin Suomessa?

JOHN: Kyllä, erittäin hyvin. Olemme kokeneet niin paljon uutta ja mielenkiintoista.

MIKKO: Missä olette käyneet?

NANCY: Olemme nähneet aika monta paikkaa Suomessa. Olemme käyneet Porvoossa, Lappeenrannassa, Turussa, Tampereella, Lahdessa, jopa Tukholmassa, ja olemme tietysti tutustuneet Helsinkiin melko hyvin.

JOHN: Ja olemme oppineet paljon suomea. Minä osasin niin vähän kaksi kuukautta sitten kun me saavuimme tänne.

MIKKO: Montako oppituntia teillä on ollut yhteensä?

DIALOGUE

Summer is Over.

The friends meet for the last time before Nancy and John are leaving, and they are talking about the events of the summer.

NANCY: How quickly summer has gone! Our stay in Finland is almost over.

MIKKO: When are you leaving to go home?

JOHN: Next Sunday already.

PEKKA: Have you enjoyed your stay here in Finland?

JOHN: Yes, very much. We have experienced so many new and interesting things.

MIKKO: Where have you been?

NANCY: We have seen quite a few places in Finland. We have been in Porvoo, in Lappeenranta, in Turku, in Tampere, in Lahti, even in Stockholm, and, of course, we have gotten to know Helsinki quite well.

JOHN: And we have learned a lot of Finnish. I knew so little two months ago when we arrived here.

MIKKO: How many lessons have you had altogether?

NANCY: Kaksikymmentä tuntia viikossa kertaa kahdeksan viikkoa, siis yhteensä satakuusikymmentä oppituntia.

PEKKA: Minäkin olen huomannut että puhutte nyt paljon paremmin suomea. Hyvä että puhuimme vain suomea keskenämme. Se oli hyvää harjoittelua.

JOHN: Minä olen tavannut vanhan koulukaverini, jota en ole nähnyt moneen vuoteen. Ja olemme tutustuneet moniin ulkomaalaisiin opiskelijoihin.

NANCY: Ja minä olen tavannut suomalaisia sukulaisiani jotka asuvat Helsingin lähellä.

MIKKO: Mitä muuta olette tehneet?

JOHN: Olemme käyneet suomalaisessa saunassa, mikä oli aivan erikoinen kokemus.

NANCY: Olemme uineet järvessä, syöneet aitoa suomalaista ruokaa, ja paistaneet makkaraa.

JOHN: Ja olemme juoneet hyvää suomalaista olutta!

MIKKO: Mitä on jäänyt ensi kerraksi?

JOHN: On vielä jäänyt aika paljon. Emme ole matkustaneet Lappiin, emme ole ehtineet käydä Korkeasaaren eläintarhassa, ja meillä ei ollut mahdollisuutta hiihtää.

Nancy: Twenty hours a week times eight weeks, so altogether one hundred sixty lessons.

Pekka: I also have noticed that now you guys speak Finnish much better. It's good that we only spoke Finnish among ourselves. It was good practice.

John: I met my old school mate, whom I hadn't seen in many years. And we have gotten to know many foreign students.

Nancy: And I have met my Finnish relatives who live near Helsinki.

Mikko: What else have you done?

John: We have been in a Finnish sauna, which was a very special experience.

Nancy: We have swum in the lake, eaten real Finnish food, and had fried sausage.

John: And we have drunk good Finnish beer!

Mikko: What has remained for next time?

John: Quite a lot has remained. We have not traveled to Lapland, we have not had the time to go to the Korkeasaari zoo, and we have not had the opportunity to ski.

PEKKA: Lappiin ette varmaan pääse tällä matkalla, mutta Korkeasaareen voimme ihan hyvin mennä esimerkiksi huomenna.

MIKKO: Ja jos haluatte hiihtää, niin teidän täytyy tulla takaisin joskus talvella. Silloin meillä on aina riittävästi lunta.

PEKKA: Tervetuloa uudelleen!

NANCY: Kiitos kovasti vieraanvaraisuudestanne.

MIKKO: Hyvää kotimatkaa ja hyvää jatkoa!

NANCY: Pidetään yhteyttä.

PEKKA: You will probably not make it to Lapland on this trip, but we can very well go to Korkeasaari, tomorrow for example.

MIKKO: And if you want to ski, then you have to come back some time in the winter. Then we always have plenty of snow.

PEKKA: You are welcome back anytime!

NANCY: Thank you very much for your hospitality.

MIKKO: Have a good trip home and all the best.

NANCY: Let's keep in touch.

VOCABULARY

ohi	over
tapahtuma	event
nopea	quick, fast
oleskelu	stay
ensi	next
kokea	to experience
tutustua	to get to know
melko	rather
oppia	to learn
osata	to know
kuukausi	month
montako	how many
viikko	week
kertaa	times (multiplication)
keskenämme	among ourselves
harjoittelu	practice
sukulainen	relative
kokemus	experience
aito	real
paistaa	to fry
makkara	sausage
olut	beer
jäädä	to remain
eläintarha	zoo
mahdollisuus	possibility
hiihtää	to ski
varmaan	surely
takaisin	back
talvi	winter
silloin	at that time
lumi	snow
vieraanvaraisuus	hospitality

USEFUL EXPRESSIONS

viimeisen kerran	for the last time
lähteä kotiin	leave to go home
moneen vuoteen	for many years
mitä muuta	what else
ensi kerraksi	for next time
Tervetuloa uudelleen!	Come back again!
Hyvää jatkoa.	All the best.
Pidetään yhteyttä.	Let's keep in touch.

GRAMMAR

1. The Perfect Tense

The use of the perfect tense in Finnish is very similar to that of the English present perfect. It is used to describe past events that have a direct connection to or impact on the present.

In the previous chapter, you learned how to form the past participle form of verbs, and how to use it for the negation of the simple past tense. The same form is used for the perfect tense, in combination with the appropriate form of *olla* (to be) conjugated in the present tense. The past participle of the main verb ends in *-nut/-nyt* with singular subjects and in *-neet* with plural subjects.

Olen matkustanut Englantiin.	I have traveled to England.
Olet ollut Suomessa.	You have been in Finland.
Lapsi on jo syönyt.	The child has already eaten.
Olemme nähneet hyvän elokuvan.	We have seen a good movie.
Olette lukeneet lehden.	You (all) have read the newspaper.
Opiskelijat ovat oppineet suomea.	The students have learned Finnish.

Because *olla* is the auxiliary verb in this construction, its forms can change. The past participle of the main verb remains unchanged. When we negate a sentence, we actually negate *olla*. When we ask a question, the interrogative particle is also attached to *olla*.

Olen käynyt kaupassa	I have been to the store.
En ole käynyt kaupassa.	I haven't been to the store.
Oletko käynyt kaupassa?	Have you been to the store?
Etkö ole käynyt kaupassa?	Have you not been to the store?

2. Relative Pronouns

The most commonly used relative pronoun in Finnish is *joka*. It is used to refer to both people and objects. It has many different inflected forms, and which one to use depends on two factors: 1) whether the noun to which it refers is in the singular or in the plural, and 2) its grammatical function in the relative clause.

The stem of *joka* is *jo-*, to which the various case suffixes are added. In other words, the ending *-ka* is replaced by the required suffix. In the plural, *-i-* is inserted between the stem and the suffix. Exceptions are the genitive singular and the nominative plural, where the suffix is inserted between the stem and the *-ka* ending.

	Singular	*Plural*
Nominative	joka	jotka
Genitive	jonka	joiden
Partitive	jota	joita
Inessive	jossa	joissa
Elative	josta	joista
Illative	johon	joihin
Adessive	jolla	joilla
Ablative	jolta	joilta
Allative	jolle	joille

Tämä on talo.	This is a house.
Asumme talossa.	We live in the house.

These two sentences can be combined with the help of the relative pronoun. Substitute the singular inessive form of *joka* (*jossa*) into the second sentence in place of *talossa*.

Tämä on talo, jossa asumme.	This is the house, in which we live.

The relative pronoun is always the first element in the relative clause.

Nainen, jonka nimi on Raili, tuli käymään.	The woman whose name is Raili came to visit.
Tämä on kirja, josta olen kertonut.	This is the book about which I have talked.
Mies, jolle soitin, asuu Espoossa.	The man whom I called on the phone, lives in Espoo.

The relative clause can also be imbedded in the main clause.

Kirjeet, jotka eilen sain, tulivat Ruotsista.	The letters, which I got yesterday, came from Sweden.

Another relative pronoun is *mikä*, which has a more limited use than *joka*. *Mikä* typically is used when referring to an entire sentence, or when the noun to which it refers is in the superlative.

Kesällä teemme retken, mikä on hauskaa.	In the summer, we are going on a trip, which will be fun.
Tämä on paras tarina, minkä olen kuullut.	This is the best story that I have heard.

HARJOITUKSIA

(Exercises)

1. Write or say the sentences in both the past and present perfect tenses:

   Liisa tulee kotiin. Liisa tuli kotiin. Liisa on tullut kotiin.

   Menen kouluun.

   Sataa.

   Matti lukee kirjan.

   Kirjoitan kortin.

   Muistamme sinua.

   Pääset sisälle.

   Haluan matkustaa.

2. Write five sentences about things you have never *(en koskaan)* done in your life:
   For example, *En ole koskaan käynyt Suomessa.*

3. What have our friends done in Finland during the summer? Complete the sentences:

______________________________suomalaisessa saunassa.

______________________________suomalaisissa järvissä.

______________________________vanhan koulukaverinsa.

______________________________paljon suomea.

______________________________suomalaisia sukulaisiaan.

______________________________monta paikkaa Suomessa.

______________________________suomalaista olutta.

______________________________uusia ystäviä.

4. Combine the sentences using relative pronouns:

Laukkuni on autossa. Auto seisoo kadulla.

Oravat asuvat Seurasaaressa. Annoimme oraville pähkinöitä.

Kesämökki on järven rannalla. Vietämme kesän siellä.

Puhuin tytön kanssa puhelimessa. Tyttö on serkkuni.

Menemme raitiovaunulla keskustaan. Raitiovaunu tulee Eirasta.

5. In Finnish, how would you...

   ...thank someone for the hospitality?

   ...promise to keep in touch?

   ...invite someone to return?

   ...wish someone a good trip home?

KEY TO THE EXERCISES

Lesson 1

1. kaksisataaviisikymmentä
   kolmekymmentäviisi
   yhdeksäntoista
   tuhatneljäsataaseitsemänkymmentäkuusi
   kahdeksansataaneljä

2. hauska
   puhun
   suomea
   yliopistossa
   maksaa
   kaupunki

3. Terve! / Hei! / Moi!
   Hei-hei!
   Minä olen ...
   Missä asut?
   Opiskeletko englantia?
   Puhut hyvin englantia.
   Hauska tutustua.
   Paljonko bussilippu maksaa?
   Hyvää yötä.
   Tervetuloa New Yorkiin!

4. Asumme keskustassa.
   Olen opiskelija
   He puhuvat ranskaa.

Menetkö bussilla?
Puhutteko englantia?

5. Olen ... (your name).
   Kyllä, puhun hyvin englantia.
   Asun Amerikassa.
   Olen.
   Opiskelen suomen kieltä / suomea.
   Ymmärrän.
   Olen.

6. Kuka sinä olet? Olen ... (your name)
   Asun Helsingissä ja opiskelen suomea yliopistossa.
   Oletko ulkomaalainen?
   En ole suomalainen mutta puhun hyvin suomea.
   Oletko Espoossa työssä?
   Ymmärrän.
   Hauska tutustua.

Lesson 2

1. asunto on mukava.
   kirja on uusi.
   koira on pieni.
   auto on rikki.
   suomenkieli on hauska.

2. Leenan koira
   koiran nimi
   Mikon kirja
   auton hinta
   Helsingin kartta
   matkalaukun koko
   suomenkielen oppitunti

3. Ostan.
   Opiskelen.
   On.
   Menemme.
   Kyllä on./On
   Asumme.
   Maksaa.

4. Suomen kielen oppikirja maksaa 35 euroa.
   Leena on Pekan sisko.
   He asuvat keskustassa, pienessä kaksiossa.
   Tunti alkaa kello neljä.
   Menevät elokuviin tai kävelevät kaupungilla.
   Ostavat suomen kielen oppikirjan.
   Ei mitään. Se on ilmainen.
   Kiitos hyvää.

5. Hyvää huomenta.
   Hauskaa iltapäivää.
   Ei voi mitään.
   Nukuitko hyvin?
   Nähdään huomenna.
   Hei. Mitä kuuluu?

6. En ole suomalainen.
   Ette nuku hyvin.
   Kauppa ei ole pieni.
   He eivät opiskele yliopistossa.
   Leena ei ole mukava.
   Emme mene bussilla.
   Koiran nimi ei ole Pekka.
   En ole Pekan sisko.

Lesson 3

1. Kiitos seurasta.
   Kiitos tästä iltapäivästä.
   Kiitos hyvästä kahvista.
   Kiitos ihanasta päivästä.

2. Pidän Leenasta.
   Pidän koirasta.
   Pidän elokuvasta.
   Pidän ravintolasta.
   Pidän Helsingistä.
   Pidän taiteesta.

3. ohjelmasta
   museon
   nykytaiteen
   Suomesta
   vanhan rautatieaseman
   suomen oppitunnin
   haluatteko
   uudessa talossa Helsingin keskustassa
   mistä maasta

4. Mitä suosittelet?
   Hei, ...(your name) tässä.
   Onko keskustassa hyvää ravintolaa?
   Haluan jutella Mikon kanssa.
   Mitä teette elokuvan jälkeen?
   Kiitos hyvää.

5. Emme tapa ravintolan edessä.
   Ihmiset eivät puhu tästä elokuvasta.
   Menemme syömään.
   He eivät syö kiinalaisessa ravintolassa.

Olet puhelimessa.
Mikko ei tiedä paljon historiasta.
En halua mennä keskustaan.
Hän on asunnossa.

6. Kuka soittaa?
Missä olet työssä?
Pidätkö tästä kirjasta?
Haluatteko mennä elokuviin?
Milloin alkaa tunti?
Mitä tarvitset?

Lesson 4

1. Opiskelijat menevät syömään.
Kukat ovat pöydällä.
Koirat syövät keittiössä.
Te olette Espanjasta.
Turistit asuvat keskustassa.
Otamme lasit pöydältä.

2. Mikolla on uusi auto.
Minulla on sisko.
Meillä on taulu.
Sinulla on bussilippu.
Heillä on nälkä.
Teillä on matkalaukku.

3. ikkunassa
laatikossa
seinällä
hyllyllä
pöydällä
kerrostalossa

kaapissa
huoneessa

4. Pekka asuu Laivurinkadulla.
Se on Eirassa, Helsingissä.
Viihtyy oikein hyvin.
Parvekkeelta näkyy meri.
Ei ole.
Nancy kattaa pöydän.
Lautaset ovat hyllyllä.

5. Hyvää ruokahalua.
En ymmärrä.
Kiitos kutsusta.
Syödään!
Mennään!
Tervetuloa!
Onko nälkä?

Lesson 5

1. satamaan
saareen
Helsinkiin
huoneeseen
keskustaan
työhön

2. Mikolle
minulle
kauppatorille
risteilylle

Pekalle
pöydälle

3. Helsingin keskustassa, satamassa.
Se on oikein kiva paikka.
Suomenlinna on vanha linnoitus.
Koska tänään on kaunis ilma. Ei kannata mennä sisälle.
Eivät mene. He kävelevät keskustaan.
Koska hän on paljasjalkainen helsinkiläinen.
Numero kymmenen ja neljä.

4. Kello on puoli yhdeksän illalla.
Kello on kaksikymmentäviisi yli kaksitoista iltapäivällä.
Kello on neljännästä vailla kymmenen aamupäivällä
Kello on kymmenen yli neljä iltapäivällä
Kello on puoli kahdeksan aamulla
Kello on viisitoista yli kolme iltapäivällä
Kello on kymmenen vailla kaksitoista päivällä

5. Kello kymmenen aamulla.
Kello viisitoista vailla viisi iltapäivällä.
Kello puoli yhdeksän aamulla.
Iltapäivällä kahteen asti.
Kello neljännästä yli yksitoista aamupäivällä.

6. Tulen mielelläni.
Kiitoksia oikein paljon.
Voitteko sanoa...?
Mennäänkö?
paljasjalkainen helsinkiläinen
kymmenen minuutin kuluttua
kello viiteen asti

Lesson 6

1. Leipää, maitoa, mehua, voita, marmeladia, juustoa, ruokaa
2. Minulla ei ole autoa.
   Mikko ei osta lippua.
   En ota bannania.
   Jääkaapissa ei ole omenaa.
   Kadulla ei ole autoa.

3. 5 taloa
   3 parveketta
   2 laivaa
   2 naista
   monta saarta
   7 kaupunkia
   4 huonetta

4. Anteeksi, voitteko sanoa missä satama on?
   Onko kauppa auki?
   Paljonko kahvi maksaa?
   Kiitos, en ota maitoa.
   Viihdyn hyvin.
   Kiitos kivasta illasta.

5. Vesi on sinistä.
   Pulla on makeaa.
   Kahvi on hyvää.
   Leipä on lämmintä.
   Mehu on kylmää.

Lesson 7

1. vapaita / Saavumme / syövät / tekevät / Laivamatka / hedelmiä / vaihtaa

2. ravintoloita / hedelmiä / matkalaukkuja / tavaroita / paikkoja / hyttejä

3. Ole hyvä, syö omena!
   Olkaa hyvät, menkää elokuviin.
   Ole hyvä ja tule tänne!
   Olkaa hyvä, soittaakaa!
   Olkaa hyvät, juokaa maito!

4. Minun täytyy lähteä Ruotsiin.
   Pekan täytyy ostaa makkaraa.
   Meidän pitää maksaa kirjasta.
   Pitääkö sinun mennä kauppaan?
   Teidän täytyy vaihtaa vähän rahaa.

5. Mistä haluat ostaa hedelmiä?
   Mihin laiva lähtee?
   Missä on tax-free kauppa?
   Kelpaako euro?
   Kuinka monta tuntia matka kestää?
   Pidätkö herneistä?

6. Sopiiko?
   Kauanko matka kestää?
   Kuinka ihana näkymä!
   Katso, kuinka pitkä jono!
   Onko sinulla paljon hyviä ystäviä?
   Laiva lähtee pian.

7. Answers will vary.
   Example:
   Tänään on viidestoista kesäkuuta kaksituhattakolme.

Lesson 8

1. isossa kerrostalossa
   bussilla keskustaan
   ulkomaalaiselta opiskelijalta
   Suomenlinnaan iltapäivällä
   ruokakaupasta
   asemalta, kauppaan
   seinällä, Espanjasta
   ranskalaisesta kirjasta
   Pekalle

2. asuntosi
   perheemme
   koirani
   hänen ystävänsä
   heidän autonsa
   laivanne

3. Answers will vary.

4. mielellään
   mielelläsi
   mielelläni
   mielellään
   mielellämme
   mielellänne

5. talossamme
   kaupungistaan

äidistäni
ystävällesi
talostaan
huoneeseesi

6. haluaa / osa / voi / pakko / haluan / saa /

Lesson 9

1. Seurasaari on kaunis saari. Siellä on ulkomuseo.
   Se on Helsingissä.
   Bussi numero 24 menee sinne.
   Siellä on kauniita vanhoja puurakennuksia.
   Pidän. / En pidä.
   Oravat pitävät pähkinöistä.
   Koska kirkossa on häät.
   Seurasaaressa tai maalla, omalla mökillään.
   Kesäkuun lopussa.

2. Oravat asuvat näissä isoissa puissa.
   Annan pähkinöitä ystävällisille oraville.
   Pekka ostaa suuria omenoita uusista kaupoista.
   Mennään näihin vanhoihin taloihin.
   Pidämme noista kauneista rakennuksista.
   Näiden nuorten ihmisten ystävät ovat mukavia.
   Panemme uudet kirjat näille isoille pöydille.

3. sipuleita ja kukkia
   piirakoita
   lasi
   lehden
   Mikon
   heidät
   kahvia

4. Espanjaan
   Venäjälle
   Ahvenanmaalle
   Ranskaan
   New Yorkiin
   Rovaniemelle
   Pohjois-Suomeen

5. Vanhat puurakennukset kiinnostavat minua.
   Missä bussipysäkki on?
   Meidän on pakko (täytyy) mennä sinne.
   Minua väsyttää ja janottaa.
   Vai niin!/ Ihanko totta!

6. Answers may vary.
   Suomenlinnassa on vanha linnoitus.
   Seurasaaressa on paljon vanhoja puurakennuksia.
   Imiset pelaavat kansanmusiikkia Juhannuksena.
   Kappelissa voi juoda hyvää kahvia.
   Raitiovaunu menee Mannerheimintiellä.
   Esplanadilla voi hyvin kävellä.
   Ostan mansikoita kauppatorilta.

Lesson 10

1. Answers will vary.
   menin keskustaan
   puhuin suomea
   opiskelin taidetta
   katsoin nähtävyyksiä
   soitin ystävälleni

2. Vuokrasimme auton.
   Menin syömään.

Joitko kahvia?
Mikko luki kirjaa.
Ilma oli upeaa.
Halusitteko nähdä näyttelyn?
Pojat lähtivät retkelle.
Aurinko paistoi koko päivän.
Löysitkö osoitteen?

3. Monta tuhatta.
Johnin vanha koulukaveri.
Lappeenrannassa.
Viehättävä pikkukaupunki. Siinä on paljon puutaloja.
Porvoossa, Lappeenrannassa, Turussa, Lahdessa.
Eivät matkustaneet. He vuokrasivat auton.
Iso järvi Etelä-Suomessa.

4. Answers will vary.

5. asuntojen hinta
maiden koko
lasten huone
isien päivä
talojen ikkuna
kaupunkien tunnelma

6. Answers will vary.
Halusimme mennä kotiin.
Leenan piti ostaa kukkia.
Minun oli pakko opiskella suomea.
Mikko sai lähteä Ruotsiin.
Lapset halusivat katsoa elokuvaa.
Voimme kävellä keskustassa.

Lesson 11

1.

mennä	meni	ei mennyt	eivät menneet
lukea	luki	ei lukenut	eivät lukeneet
katsoa	katsoi	ei katsonut	eivät katsoneet
olla	oli	ei ollut	eivät olleet
tarvita	tarvitsi	ei tarvinnut	eivät tarvinneet
syödä	söi	ei syönyt	eivät syöneet
muistaa	muisti	ei muistanut	eivät muistaneet
tavata	tapasi	ei tavannut	eivät tavanneet

2. Mikko ei soittanut minulle.
Emme katsoneet elokuvaa.
Etkö tavannut Pekan?
En käynyt torilla ostoksilla.
Eikö kirja maksanut paljon?
Ettekö tutustuneet Suomeen?
Kauppa ei ollut kiinni.
Huomasin ettei satanut.

3. Suomen oppitunti ei alkanut kello yhdeksän.
Opettaja ei tullut.
Puhelinkortilla ei ollut rahaa.
Kioski ei ollut auki.
Kirja ei ollut saatavana.
John ei löytänyt osoitetta.

4. Milloin menitte kotiin?
Jatkoitteko matkaanne?
Millä menitte?
Mihin aikaan ohjelma alkoi?
Kuka ehdotti sen?
Huomasitteko mitään?
Ehditkö käydä kaupassa?

5. Älä soita Leenalle.
   Älä kysy mitään.
   Älkää menkö kaupunkiin.
   Älkää juoko olutta.

6. Pekka on vanhempi kuin Mikko.
   Kissa on isompi kuin koira.
   Viini on parempi kuin olut.
   Suomi on kylmempi maa kuin Italia.
   Porvoo on kauniimpi kuin Lahti.

Lesson 12

1. Menin kouluun. Olen mennyt kouluun.
   Satoi. On satanut.
   Matti luki kirjan. Matti on lukenut kirjan.
   Kirjoitin kortin. Olen kirjoittanut kortin.
   Muistimme sinua. Olemme muistaneet sinua.
   Pääsit sisälle. Olet päässyt sisälle.
   Halusin matkustaa. Olen halunnut matkustaa.

2. Answers will vary.

3. He ovat käyneet suomalaisessa saunassa.
   He ovat uineet suomalaisissa järvissä.
   John on tavannut vanhan koulukaverinsa.
   He ovat oppineet paljon suomea.
   Nancy on tavannut suomalaisia sukulaisiaan.
   He ovat nähneet monta paikkaa Suomessa.
   He ovat juoneet suomalaista olutta.
   He ovat löytäneet uusia ystäviä.

4. Laukkuni on autossa, joka seisoo kadulla.
   Oravat, joille annoimme pähkinöitä, asuvat
   Seurasaaressa.
   Vietämme kesän kesämökillä, joka on järven rannalla.
   Puhuin puhelimessa tytön kanssa, joka on serkkuni.
   Raitiovaunu, jolla menemme keskustaan, tulee Eirasta.

5. Kiitos vieraanvaraisuudesta.
   Pidetään yhteyttä.
   Tervetuloa uudelleen.
   Hyvää kotimatkaa!

FINNISH-ENGLISH GLOSSARY

aamu 1	morning
aamupäivä 7	morning
Ahvenanmaa 13	the Åland Islands
aika	rather
aika 8	time
aikana	at the time of
ainakin	at least
ainutlaatuinen 25	unique
aito 1	real
aivan	right, very
ajaa	to drive
alas	down
alkaa	to begin
alkoholijuoma 7	alcoholic beverage
alla	under
alue 32	area
amerikkalainen 25	American
ammatti 5	profession
antaa	to give
anteeksi	excuse me
appelsiininmehu 1	orange juice
arkkitehti 3	architect
asia 7	thing
asua	to live, to reside
asunto 2	apartment
auki	open
aurinko 2	sun
auto 1	car
avain 23	key

banaani 5	banana
bileet 28 (plural only)	party
bussi 5	bus
bussipysäkki 4	bus stop
edessä	in front of
edullinen 25	inexpensive
ehdottaa	to propose, to recommend
ehkä	perhaps
ehtiä	to have the time for something
ei enää	no longer
ei kukaan	nobody
ei mitään	nothing
ei oikeastaan	not really
ei yhtään	not at all
eilen	yesterday
eläintarha 8	zoo
elää	to live
englanninkielinen 25	English language (adjective)
englanti 3	English (language)
ennen	before
ensi	next
entä	and (at the beginning of a question)
epäonni 6	bad luck
eri	different
erikoinen 25	special
erikoisliike 32	specialty store
erilainen 25	different
erittäin	extremely
erityisesti	especially
esimerkiksi	for instance
esine 32	object
Espanja 7	Spain
eteenpäin	further
etelä	south

että	that
euro 1	euro (currency)
haarukka 9	fork
haluta	to want
harjoittelu 2	exercise, practice
hauska 8	pleasant
he	they
hedelmä 7	fruit
hei	hi
heinäkuu 13	July
helppo 1	easy
Helsingin Yliopisto 1	University of Helsinki
helsinkiläinen 25	of Helsinki
herne 32	pea
herneenpalko 1	pea pod
heti	right away, immediately
hiihtää	to ski
hinta 8	price
historia 9	history
historiallinen 25	historical
housut 1 (plural only)	pants
huomata	to notice
huomenna	tomorrow
hylly 1	shelf
hytti 3	cabin
hyttipaikka 8	berth
hyvin	well, quite
hyvä 7	good
häät 13	wedding
ihan	very
ihana 7	wonderful
ihminen 25	person
ikkuna 9	window
ilma 8	weather
ilmainen 25	free

ilman	without
ilmeisesti	obviously
iltaohjelma 7	evening plans
iltapäivä 7	afternoon
insinööri 3	engineer
iso 1	big
isovanhemmat 11	grandparents
istua	to sit
isä 7	father
itse	itself
ja	and
jaksaa	to have the strength / energy
jatkaa	to continue (something)
jatkua	to continue
jo	already, yes
jogurtti 3	yogurt
joka	every
jono 1	(waiting) line
jopa	even
jos	if
joskus	sometimes
jotain	something
Juhannus 26	Midsummer
Juhannusvalkeat	Midsummer celebration
juhla 7	celebration
juhlia	to celebrate
juoda	to drink
juoma 7	drink
juosta	to run
jutella	to chat
juuri	just, just now
juusto 1	cheese
jäädä	to remain
jääkaappi 3	fridge
jälkeen	after

järvi 6	lake
jäsen 22	member
kaappi 3	cabinet
kahvi 3	coffee
kahvila 9	café
kaikenlainen 25	all kinds
kaikki 6	all, everything
kaksio 2	two-room apartment
kaksivuotias 28	two years old
kallis 29	expensive
kannattaa	to be worth
Kansallismuseo 2	National Museum
kansallispuku 1	national dress, costume
kansanmusiikki 5	folk music
kansantanssi 3	folk dance
kansi 19	deck
kanssa	with
kappale 32	chapter
karjalanpiirakka 9	Karelian pastry
kartta 8	map
kastua	to get wet
katedraali 5	cathedral
katsoa	to look
kattaa	to set (table)
katu 1	street
kauan	long
kaunis 29	pretty, beautiful
kauppatori 3	market square
kaupungintalo 1	city hall
kaupunki 4	city
kaveri 4	buddy
keittiö 2	kitchen
kello 1	clock
kelvata	to suit, to be acceptable
kenen	whose

kerma 8	cream
kerrostalo 1	apartment building
kerta	times (multiplication)
kertoa	to tell
kesä 7	summer
kesämökki 3	summer cottage
keskenämme	among ourselves
keski	middle, central
keskusta 9	downtown
keskustelu 2	dialog, conversation
kestää	to take (time)
kieli 15	language
kiinni	closed
kiinnostaa	to interest
kiitos	thank you
kioski 5	booth, kiosk
kirja 8	book
kirjoittaa	to write
kirkko 1	church
kissa 8	cat
kiva 8	great
kohta	soon
koira 7	dog
kokea	to experience
kokeilla	to try
kokemus 26	experience
kokko 1	bonfire
koko 1	size
kokous 26	meeting
kolme	three
konsertti 5	concert
konserttitalo 1	concert hall
koska	because
koti 3	home
kotiin	home

kotona	at home
koulu 1	school
koulukaveri 4	schoolmate
kovasti	very much
kovin	very
kruunu 1	krona (Swedish currency), crown
kuin	than
kuinka	how
kukka 7	flower
kun	when
kuten	as, just like
kutsu 1	invitation
kutsua	to invite
kuukausi 18	month
kuulostaa	to sound (like something)
kuuluisa 7	famous
kyllä	yes
kylmä 7	cold
kylpyhuone 32	bathroom
kymmenen	ten
kysyä	to ask
käly 1	sister-in-law
käsi 18	hand
kävellä	to walk
kävely 2	walk
kävelymatka 8	walk
käydä	to go
laatikko 2	drawer
laittaa	to prepare
laiva 8	boat, ship
lapsi 20	child
lasi 3	glass
lastenlääkäri 4	pediatrician
lauantai 13	Saturday
laukku 8	bag, suitcase

lautanen 25	plate
lautta 8	ferry
leipä 7	bread
lempi-	favorite
leppoisa 7	genial
levy 1	CD
liian	too
linnoitus 26	fortress
lippu 1	ticket
litra 8	liter
lokki 3	seagull
lukea	to read
luksushytti 3	luxury cabin
lumi 16	snow
luona	at somebody's place
lusikka 9	spoon
lyhyt 31	short
lääkäri 4	physician
lähellä	nearby
lähes	nearly
lähin 24	nearest
lähteä	to leave
lähtö 1	departure
lämmin 24	warm
löytää	to find
maa 13	country
maalla	in the country(side)
mahdollisuus 27	possibility
maito 1	milk
makea 4	sweet
makkara 9	sausage
maksaa	to cost, to pay
makuuhuone 32	bedroom
mansikka 9	strawberry
margariini 3	margarine

marja 8	berry
marmeladi 3	marmalade
matkalaukku 1	suitcase, luggage
matkamuisto 1	souvenir
matkaopas 28	tour book
melkein	almost
melko	rather
mennä	to go
meno-paluu	round trip
meri 15	sea
mielellä- (+ possessive suffix)	with pleasure
mielenkiintoinen 25	interesting
mies 30	husband, man
mihin	where to
mikä	what
miljoona 20	million
milloin	when
minkälainen 25	what kind of
minusta	in my opinion
minä	I
missä	where
missäpäin	whereabout
mistään	(from) anywhere
moderni 5	modern
molemmat 11	both
monet	many people
moni 17	many
monumentti 5	monument
muistaa	to remember
mukaan	according to
mukava 7	pleasant
muna 7	egg
munavoi 14	egg butter
musta 7	black

mustikka 9	blueberry
mutta	but
muutama 7	a few
myyjä 7	salesperson
myöhään	late
myös	also
nainen 25	woman
neljä 7	four
niin	then, yes, so
nimi 6	name
no	well
noin	approximately
nopea 4	quick, fast
nopeasti	quickly, fast
numero 2	number
nuori 15	young
nykytaide 32	modern art
nyt	now
nähdä	to see
nähtävyys 27	attraction, sight
näkemiin	good bye
näkymä 7	sight
näkyä	to be visible
näköala 8	view
nälkä 7	hunger
näyttely 2	exhibit
näyttää	to show
odottaa	to wait
ohi	(something is) over
oikealla	on the right hand side
oikeastaan	actually
oikein	very
ole hyvä	please
oleskelu 2	stay
olla	to be

olohuone 32	living room
olut 31	beer
oma 7	own
omena 7	apple
opastaa	to guide
opettaja 10	teacher
opiskeilja 7	student
opiskella	to study
oppia	to learn
oppikirja 8	textbook
orava 7	squirrel
osata	to be able to, to know how
osoite 32	address
ostaa	to buy
ottaa	to take
ovi 6	door
ovikello 1	doorbell
paikka 8	place
paistaa	to shine, to fry
palata	to return
paljasjalkainen 25	native
paljon	a lot
pankki 3	bank
panna	to put
parempi 11	better
pari	a couple of
parveke 32	balcony
patsas 28	statue
perhe 32	family
perhejuhla 7	family reunion
perhekuva 7	family picture
perinteinen 25	traditional
peruna 9	potato
pian	soon
pieni 17	small

pikkukaupunki 4	small town
pikkupoika 7	little boy
pitkä 7	long
pitää	to like
pohjoinen 25	north, northern
pohjoismaalainen 25	Scandinavian, Nordic
poika 7	boy, guy
poissa	away
postikortti 3	postcard
Presidentinlinna 8	the president's palace
puhelin 23	telephone
puhelinkortti 3	phone card
puhelinluettelo 2	phone book
puhelinnumero 2	phone number
puhua	to speak
puisto 1	park
pukeutua	to dress
pulla 7	sweet roll
punainen 25	red
puoli 15	half
pussi 3	bag
puu 13	tree, wooden
puuttua	to be missing
pyytää	to ask (a favor)
päärynä 9	pear
pääsy 1	entrance
pähkinä 9	nut
päivittäin	daily
päivämatka 8	day trip
päällä	on top of
pöytä 7	table
raha 8	money, currency
rahanvaihtopaikka 8	money exchange office
raitiovaunu 1	streetcar
rakennus 26	building

rannikko 2	coast
ranska 8	French (language)
ranta 8	shore
rautatieasema 7	railway station
ravintola 9	restaurant
retki 6	trip
riittävästi	plenty of, sufficiently
rikki	broken
risteily 2	cruise
ruoka 7	food
ruokailuvälineet 32	silverware
ruotsalainen 25	Swedish
Ruotsi 3	Sweden
saada	to get, can, may
saapua	to arrive
saari 15	island
saaristo 2	archipelago
sade 32	rain
Saksa 8	Germany
sanoa	to say
sanomalehti 6	newspaper
sata	hundred
sataa	to rain
satama 7	harbor
sateenvarjo 1	umbrella
sateinen 25	rainy
se	it
seinä 7	wall
seisoa	to stand
sekä	as well as
selvä 7	clear
serkku 1	cousin
setä 7	uncle
seura 8	company
seuraava 7	next

siellä	there
silloin	at that time
silti	nevertheless
sinä	you (singular)
sininen 25	blue
sinne	there
sipuli 4	onion
sisar 22	sister
sisarukset 26	siblings
sisko 1	sister
sisälle	inside
sisään	inside
sitten	ago, then
soida	to ring
soittaa	to phone, to play (music or an instrument)
sokeri 4	sugar
sopia	to suit, to be suitable
sopiva 7	suitable
stadion 5	stadium
sukulainen 25	relative
suljettu	closed
sunnuntai 13	Sunday
suomalaiset	Finnish people
suomenkieli 15	Finnish language
suomi 6	Finnish (language)
Suomi 6	Finland
suositella	to recommend
suosittu	popular
suuri 15	large, big
syödä	to eat
sytyttää	to light, to set to fire
taas	again
tai	or
taide 32	art

taidemuseo 2	art museum
takaisin	back
takana	behind
takia	because of
talo 1	house
talvi 6	winter
tanssia	to dance
tapahtua	to happen
tarina 7	story
tarkkaan	exactly
tarkoittaa	to mean
tarvita	to need
taulu 1	painting
tavara 9	things, belongings
tavaratalo 1	department store
tavata	to meet
te	you (plural)
teatteri 4	theater
televisio 2	television
terve	hello
tervetuloa	welcome
terveyskeskus 26	health center
tie 14	road
tietysti	of course
tietää	to know
todella	really
toivottavasti	hopefully
toki	certainly
torni 3	tower
torstai 13	Thursday
treffit (plural only) 5	date, meeting
tuhat	thousand
tulla	to come
Tunneli 4	the Tunnel (underground shopping area in Helsinki)

tunnelma 7	ambience
tunti 3	hour
tuo	that
tuoda	to bring
tuossa	there
turistikartta 8	tourist map
tutustua	to get to know
tutustuminen 25	getting to know each other
tyttö 1	girl
tyypillinen 25	typical
työ 14	work
työpaikka 8	workplace
tänne	(to) here
tänään	today
tässä	here
tästä	from here
täti 3	aunt
täytyä	to have to, must
täällä	here
tölkki 3	carton
uida	to swim
ulkoilualue 32	outdoor area
ulkomaalainen 25	foreigner
ulkomuseo 2	outdoor museum
ulos	out, outside
upea 4	gorgeous, magnificent
usein	often
vai	or (in questions)
vaihtaa	to exchange
vaihto-oppilas 28	exchange student
vaikka	although
vain	only
valita	to choose
valitettavasti	unfortunately
valmis 29	ready

valokuva 7	photograph
vanha 8	old
vanhemmat 11	parents
vapaa 12	vacant, free of charge
varmaan	surely
varmasti	surely
vasemmalla	on the left hand side
vasta	not until
vastata	to answer
veitsi 21	knife
veli 6	brother
veljenpoika 7	brother's son
Venäjä 7	Russia
vesi 18	water
viedä	to take away
viehättävä 7	charming
vielä	yet, still
vieraanvaraisuus 27	hospitality
vierasmökki 3	guest cottage
vieressä	next to
viettää	to spend (time)
vihdoinkin	finally
vihreä 4	green
viihtyä	to be having a good time
viikko 1	week
viikonloppu 1	weekend
viime	last
viineri 4	Danish (pastry)
viinipullo 1	bottle of wine
Viro 1	Estonia
voi 13	butter
voida	can
vuokra 7	rent
vuokrata	to rent
vuosi 17	year

vuosisata 8	century
vähemmistö 1	minority
vähän	a little
yhdessä	together
yhteensä	altogether
yksi	one
yleensä	generally
yli	more than
yläkansi 19	top deck
ymmärtää	to understand
yrittää	to try
ystävä 7	friend
ystävällinen 25	friendly
yö 14	night
äiti 3	mother

ENGLISH-FINNISH GLOSSARY

a couple of	pari
a few	muutama 7
a little	vähän
a lot	paljon
(to be) able to	osata
according to	mukaan
actually	oikeastaan
address	osoite 32
after	jälkeen
afternoon	iltapäivä 7
again	taas
ago	sitten
Åland Islands	Ahvenanmaa 13
alcoholic beverage	alkoholijuoma 7
all	kaikki 6
all kinds	kaikenlainen 25
almost	melkein
already	jo
also	myös
although	vaikka
altogether	yhteensä
ambience	tunnelma 7
American	amerikkalainen 25
among ourselves	keskenämme
and	ja, entä
(to) answer	vastata
apartment	asunto 2
apartment building	kerrostalo 1
apparently	ilmeisesti

apple	omena 7
April	huhtikuu 13
approximately	noin
archipelago	saaristo 2
architect	arkkitehti 3
area	alue 32
(to) arrive	saapua
art	taide 32
art museum	taidemuseo 2
as	kuten
as well as	sekä
(to) ask (a favor)	pyytää
(to) ask (a question)	kysyä
at home	kotona
at least	ainakin
at someone's place	luona
at that time	silloin
at the time of	aikana
(to) attempt	yrittää
attraction	nähtävyys 27
August	elokuu 13
aunt	täti 3
away	poissa
back	takaisin
bad luck	epäonni 6
bag	pussi 3
balcony	parveke 32
banana	banaani 5
bank	pankki 3
bathroom	kylpyhuone 32
(to) be	olla
beautiful	kaunis 29
because	koska
because of	takia
bedroom	makuuhuone 32

beer	olut 31
before	ennen
(to) begin	alkaa
behind	takana
belongings	tavara 9
berry	marja 8
berth	hyttipaikka 8
better	parempi 11
big	iso 1
big	suuri 15
black	musta 7
blue	sininen 25
blueberry	mustikka 9
boat	laiva 8
bonfire	kokko 1
book	kirja 8
both	molemmat 11
bottle of wine	viinipullo 1
boy	poika 7
bread	leipä 7
(to) bring	tuoda
broken	rikki
brother	veli 6
brother's son	veljenpoika 7
buddy	kaveri 4
building	rakennus 26
bus	bussi 5
bus stop	bussipysäkki 4
but	mutta
butter	voi 13
(to) buy	ostaa
cabin	hytti 3
cabinet	kaappi 3
café	kahvila 9
can (ability)	voida

can (may)	saada
car	auto 1
carton	tölkki 3
cat	kissa 8
cathedral	katedraali 5
CD	levy 1
(to) celebrate	juhlia
celebration	juhla 7
central	keski
century	vuosisata 8
certainly	toki
chapter	kappale 32
charming	viehättävä 7
(to) chat	jutella
cheese	juusto 1
child	lapsi 20
(to) choose	valita
church	kirkko 1
city	kaupunki 4
city hall	kaupungintalo 1
clear	selvä 7
clock	kello 1
closed	suljettu, kiinni
coast	rannikko 2
coffee	kahvi 3
cold	kylmä 7
come	tulla
company	seura 8
concert	konsertti 5
concert hall	konserttitalo 1
(to) continue (something)	jatkaa
(to) continue	jatkua
conversation	keskustelu 2
(to) cost	maksaa

country	maa 13
cousin	serkku 1
cream	kerma 8
cruise	risteily 2
currency	raha 8
daily	päivittäin
(to) dance	tanssia
Danish (pastry)	viineri 4
date	treffit 5
day trip	päivämatka 8
December	joulukuu 13
deck	kansi 19
department store	tavaratalo 1
departure	lähtö 1
dialogue	keskustelu 2
different	eri, erilainen 25
dog	koira 7
door	ovi 6
doorbell	ovikello 1
down	alas
downtown	keskusta 9
drawer	laatikko 2
(to) dress	pukeutua
(to) drink	juoda
drink	juoma 7
(to) drive	ajaa
easy	helppo 1
(to) eat	syödä
egg	muna 7
egg butter	munavoi 14
engineer	insinööri 3
English (language [adjective])	englanninkielinen 25
English (language [noun])	englanti 3
entrance	pääsy 1

especially	erityisesti
Estonia	Viro 1
euro	euro 1
even	jopa
evening plans	iltaohjelma 7
every	joka
everything	kaikki 6
exactly	tarkkaan
(to) exchange	vaihtaa
exchange student	vaihto-oppilas 28
excuse me	anteeksi
exercise	harjoittelu 2
exhibit	näyttely 2
expensive	kallis 29
(to) experience	kokea
experience	kokemus 26
extremely	erittäin
family	perhe 32
family picture	perhekuva 7
family reunion	perhejuhla 7
famous	kuuluisa 7
fast	nopea 4
father	isä 7
favorite	lempi-
February	helmikuu 13
ferry	lautta 8
finally	vihdoinkin
(to) find	löytää
Finland	Suomi 6
Finnish	suomalainen
Finnish language	suomenkieli 15, suomi 6
flower	kukka 7
folk dance	kansantanssi 3
folk music	kansanmusiikki 5
food	ruoka 7

for instance	esimerkiksi
foreigner	ulkomaalainen 25
fork	haarukka 9
fortress	linnoitus 26
four	neljä 7
free	vapaa 12
free of charge	ilmainen 25
French (language)	ranska 8
Friday	perjantai 13
friend	ystävä 7
friendly	ystävällinen 25
from here	tästä
(in) front (of)	edessä
fruit	hedelmä 7
(to) fry	paistaa
further	eteenpäin
generally	yleensä
genial	leppoisa 7
Germany	Saksa 8
(to) get	saada
getting to know each other	tutustuminen 25
girl	tyttö 1
(to) give	antaa
glass	lasi 3
(to) go	käydä, mennä
good	hyvä 7
good-bye	näkemiin
gorgeous	upea 4
grandparents	isovanhemmat 11
great	kiva 8
green	vihreä 4
guest cottage	vierasmökki 3
(to) guide	opastaa
boy	poika 7

half	puoli 15
hand	käsi 18
(to) happen	tapahtua
harbor	satama 7
(to) have a good time	viihtyä
(to) have the strength / energy	jaksaa
(to) have the time	ehtiä
(to) have to	täytyä
health center	terveyskeskus 26
hello	terve
(of) Helsinki	helsinkiläinen 25
here	täällä, tänne, tässä
hi	hei
historical	historiallinen 25
history	historia 9
home	koti 3
(to) home	kotiin
hopefully	toivottavasti
hospitality	vieraanvaraisuus 27
hour	tunti 3
house	talo 1
how	kuinka
hundred	sata
hunger	nälkä 7
husband	mies 30
I	minä
if	jos
immediately	heti
in my opinion	minusta
in the country(side)	maalla
inexpensive	edullinen 25
inside	sisälle, sisään
(to) interest	kiinnostaa 2
interesting	mielenkiintoinen 25

invitation	kutsu 1
(to) invite	kutsua
island	saari 15
it	se
itself	itse
January	tammikuu 13
July	heinäkuu 13
June	kesäkuu 13
just	juuri
Karelian pastry	karjalanpiirakka 9
key	avain 23
kiosk	kioski 5
kitchen	keittiö 2
knife	veitsi 21
(to) know (facts)	tietää
(to) know (people)	tuntea
(to) get to know	tutustua
krona (Swedish currency)	kruunu 1
lake	järvi 6
language	kieli 15
large	suuri 15
last	viime
late	myöhään
late morning	aamupäivä 7
(to) learn	oppia
(to) leave	lähteä
(on the) left	vasemmalla
(to) light	sytyttää
(to) like	pitää
liter	litra 8
little boy	pikkupoika 7
(to) live (be alive)	elää
(to) live (to reside)	asua
living room	olohuone 32

long	pitkä 7
long (time)	kauan
(to) look	katsoa
luxury cabin	luksushytti 3
magnificent	upea 4
many	moni 17
many people	monet
map	kartta 8
March	maaliskuu 13
margarine	margariini 3
market square	kauppatori 3
marmalade	marmeladi 3
may (verb)	saada
May	toukokuu 13
(to) mean	tarkoittaa
(to) meet	tavata
meeting	kokous 26
member	jäsen 22
Midsummer	Juhannus 26
Midsummer celebration	Juhannusvalkeat
milk	maito 1
million	miljoona 20
minority	vähemmistö 1
(to be) missing	puuttua
modern	moderni 5
modern art	nykytaide 32
Monday	maanantai 13
money	raha 8
money exchange office	rahanvaihtopaikka 8
month	kuukausi 18
monument	monumentti 5
more than	yli
morning	aamu 1

mother	äiti 3
must (*verb*)	täytyä
name	nimi 6
national dress	kansallispuku 1
National Museum	Kansallismuseo 2
native	paljasjalkainen 25
nearby	lähellä
nearest	lähin 24
nearly	lähes
(to) need	tarvita
nevertheless	silti
newspaper	sanomalehti 6
next	ensi, seuraava 7
next to	vieressä
night	yö 14
not at all	ei yhtään
no longer	ei enää
nobody	ei kukaan
Nordic	pohjoismaalainen 25
Northern	pohjoinen 25
not really	ei oikeastaan
not until	vasta
nothing	ei mitään
(to) notice	huomata
November	marraskuu 13
now	nyt
number	numero 2
nut	pähkinä 9
object	esine 32
October	lokakuu 13
of course	tietysti
often	usein
old	vanha 8
one	yksi
onion	sipuli 4

only	vain
open	auki
or	tai
or (in questions)	vai
orange juice	appelsiininmehu 1
out	ulos
outdoor area	ulkoilualue 32
outdoor museum	ulkomuseo 2
over	ohi
own	oma 7
painting	taulu 1
parents	vanhemmat 11
pants	housut (plural noun) 1
park	puisto 1
party	bileet (plural forms only) 28
pea	herne 32
pea pod	herneenpalko 1
pear	päärynä 9
pediatrician	lastenlääkäri 4
people (*plural*)	ihmiset 25
perhaps	ehkä
person	ihminen 25
(to) phone	soittaa
phone	puhelin 23
phone book	puhelinluettelo 2
phone card	puhelinkortti 3
phone number	puhelinnumero 2
photograph	valokuva 7
physician	lääkäri 4
place	paikka 8
plate	lautanen 25
(to) play (music or an instrument)	soittaa
pleasant	hauska 8, mukava 7
please	ole / olkaa hyvä

(with) pleasure	mielellä- (+ possessive suffix)
plenty	riittävästi
popular	suosittu
possibility	mahdollisuus 27
postcard	postikortti 3
potato	peruna 9
practice	harjoittelu 2
(to) prepare	laittaa
president's palace	Presidentinlinna 8
pretty	kaunis 29
price	hinta 8
profession	ammatti 5
(to) put	panna
quickly	nopeasti
quite	hyvin
railway station	rautatieasema 7
rain	sade 32
(to) rain	sataa
rainy	sateinen 25
rather	aika, melko
(to) read	lukea
ready	valmis 29
real	aito 1
really	todella
(to) recommend	suositella
record	levy 1
red	punainen 25
refrigerator	jääkaappi 3
relative	sukulainen 25
(to) remain	jäädä
(to) remember	muistaa
rent	vuokra 7
(to) rent	vuokrata
restaurant	ravintola 9
(to) return	palata

(on the) right	oikealla
right away	heti
(to) ring	soida
road	tie 14
round trip	meno-paluu
(to) run	juosta
Russia	Venäjä 7
salesperson	myyjä 7
Saturday	lauantai 13
sausage	makkara 9
(to) say	sanoa
Scandinavian	pohjoismaalainen 25
school	koulu 1
schoolmate	koulukaveri 4
sea	meri 15
seagull	lokki 3
(to) see	nähdä
September	syyskuu 13
(to) set (the table)	kattaa
shelf	hylly 1
(to) shine	paistaa
shore	ranta 8
short	lyhyt 31
(to) show	näyttää
siblings	sisarukset 26
sight	nähtävyys 27
sight	näkymä 7
silverware	ruokailuvälineet
sister	sisar 22, sisko 1
sister-in-law	käly 1
(to) sit	istua
size	koko 1
(to) ski	hiihtää
small	pieni 17
small town	pikkukaupunki 4

snow	lumi 16
so	niin
something	jotain
sometimes	joskus
soon	kohta, pian
(to) sound (like)	kuulostaa
south	etelä
souvenir	matkamuisto 1
Spain	Espanja 7
(to) speak	puhua
special	erikoinen 25
specialty store	erikoisliike 32
(to) spend	viettää
spoon	lusikka 9
squirrel	orava 7
stadium	stadion 5
(to) stand	seisoa
statue	patsas 28
stay	oleskelu 2
still	vielä
story	tarina 7
strawberry	mansikka 9
street	katu 1
streetcar	raitiovaunu 1
student	opiskeilija 7
(to) study	opiskella
sufficiently	riittävästi
sugar	sokeri 4
(to) suit	kelvata
suitable	sopiva 7
(to be) suitable	sopia
suitcase	matkalaukku 1, laukku 8
summer	kesä 7
summer cottage	kesämökki 3
sun	aurinko 2

Sunday	sunnuntai 13
surely	varmaan, varmasti
Sweden	Ruotsi 3
Swedish	ruotsalainen 25
sweet	makea 4
sweet roll	pulla 7
(to) swim	uida
table	pöytä 7
(to) take (something)	ottaa
(to) take (time)	kestää
(to) take away	viedä
teacher	opettaja 10
telephone	puhelin 23
television	televisio 2
(to) tell	kertoa
ten	kymmenen
textbook	oppikirja 8
than	kuin
thank you	kiitos
that (pronoun)	tuo
that (conjunction)	että
theater	teatteri 4
then	sitten
there	siellä, sinne, tuossa
they	he
thing	asia 7
thousand	tuhat
three	kolme
Thursday	torstai 13
ticket	lippu 1
time	aika 8
times (multiplication)	kerta
today	tänään
together	yhdessä
tomorrow	huomenna

too (much)	liian (paljon)
(on) top (of)	päällä
top deck	yläkansi 19
tour book	matkaopas 28
tourist map	turistikartta 8
tower	torni 3
traditional	perinteinen 25
tree	puu 13
trip	retki 6
(to) try	kokeilla
Tuesday	tiistai 13
two years old	kaksivuotias 28
two-room apartment	kaksio 2
typical	tyypillinen 25
umbrella	sateenvarjo 1
uncle	setä 7
under	alla
(to) understand	ymmärtää
unfortunately	valitettavasti
unique	ainutlaatuinen
university	yliopisto 1
vacant	vapaa 12
very	kovin, ihan, oikein, aivan
very much	kovasti
view	näköala 8
(to be) visible	näkyä
(to) wait	odottaa
waiting line	jono 1
(to) walk	kävellä
walk	kävelymatka 8, kävely 2
wall	seinä 7
(to) want	haluta
warm	lämmin 24
water	vesi 18
weather	ilma 8

wedding	häät 13
Wednesday	keskiviikko 1
week	viikko 1
weekend	viikonloppu 1
welcome	tervetuloa
well	hyvin
(to get) wet	kastua
what	mikä
what kind of	minkälainen 25
when	kun, milloin
where (in questions)	missä
where (not in questions)	jossa
where to	mihin
whereabout	missäpäin
whose	kenen
window	ikkuna 9
winter	talvi 6
with	kanssa
without	ilman
woman	nainen 25
wonderful	ihana 7
wooden	puu 13
work	työ 14
workplace	työpaikka 8
(to be) worth	kannattaa
(to) write	kirjoittaa
year	vuosi 17
yes	jo, niin, kyllä
yesterday	eilen
yet	vielä
yogurt	jogurtti 3
you (plural)	te
you (singular)	sinä
young	nuori 15
zoo	eläintarha 8

APPENDIX 1: NOMINAL STEMS

	Basic form	*Genitive sing.*	*Partitive sing.*	*Illative sing.*	*Genitive pl.*	*Partitive pl.*	*Illative pl.*
TYPE 1	talo	talon	taloa	taloon	talojen	taloja	taloihin
TYPE 2	aukio	aukion	aukiota	aukioon	aukioiden	aukioita	aukioihin
TYPE 3	kassi	kassin	kassia	kassiin	kassien	kasseja	kasseihin
TYPE 4	paperi	paperin	paperia	paperiin	papereiden	papereita	papereihin
TYPE 5	banaani	banaanin	banaania	banaaniin	banaanien	banaaneja	banaaneihin
TYPE 6	nimi	nimen	nimeä	nimeen	nimien	nimiä	nimiin
TYPE 7	koira	koiran	koiraa	koiraan	koirien	koiria	koiriin
TYPE 8	kissa	kissan	kissaa	kissaan	kissojen	kissoja	kissoihin
TYPE 9	kahvila	kahvilan	kahvilaa	kahvilaan	kahviloiden	kahviloita	kahviloihin
TYPE 10	opettaja	opettajan	opettajaa	opettajaan	opettajien	opettajia	opettajiin
TYPE 11	vanhempi	vanhemman	vanhempaa	vanhempaan	vanhempien	vanhempia	vanhempiin
TYPE 12	vapaa	vapaan	vapaata	vapaaseen	vapaiden	vapaita	vapaisiin
TYPE 13	maa	maan	maata	maahan	maiden	maita	maihin
TYPE 14	työ	työn	työtä	työhön	töiden	töitä	töihin
TYPE 15	saari	saaren	saarta	saareen	saarien/saarten	saaria	saariin
TYPE 16	lumi	lumen	lunta	lumeen	lumien	lumia	lumiin
TYPE 17	tosi	toden	totta	toteen	tosien	tosia	tosiin

APPENDIX 1: NOMINAL STEMS *(Continued)*

	Basic form	*Genitive sing.*	*Partitive sing.*	*Illative sing.*	*Genitive pl.*	*Partitive pl.*	*Illative pl.*
TYPE 18	vesi	veden	vettä	veteen	vesien	vesiä	vesiin
TYPE 19	kansi	kannen	kantta	kanteen	kansien	kansia	kansiin
TYPE 20	lapsi	lapsen	lasta	lapseen	lapsien/lasten	lapsia	lapsiin
TYPE 21	veitsi	veitsen	veistä	veitseen	veitsien	veitsiä	veitsiin
TYPE 22	jäsen	jäsenen	jäsentä	jäseneen	jäsenien/jäsenten	jäseniä	jäseniin
TYPE 23	puhelin	puhelimen	puhelinta	puhelimeen	puhelimien	puhelimia	puhelimiin
TYPE 24	lämmin	lämpimen	lämmintä	lämpimään	lämpimien	lämpimiä	lämpimiin
TYPE 25	hevonen	hevosen	hevosta	hevoseen	hevosten	hevosia	hevosiin
TYPE 26	jänis	jäniksen	jänistä	jänikseen	jänisten	jäniksiä	jäniksiin
TYPE 27	rakkaus	rakkauden	rakkausta	rakkauteen	rakkausten	rakkauksia	rakkauksiin
TYPE 28	vieras	vieraan	vierasta	vieraan	vieraiden	vieraita	vieraisiin
TYPE 29	kaunis	kauniin	kaunista	kauniiseen	kauniiden	kauneita	kauniisiin
TYPE 30	mies	miehen	miestä	mieheen	miesten/miehien	miehiä	miehiin
TYPE 31	lyhyt	lyhyen	lyhyttä	lyhyeen	lyhyiden	lyhyitä	lyhyihin
TYPE 32	huone	huoneen	huonetta	huoneeseen	huoneiden	huoneita	huoneisiin

APPENDIX 2:
CONJUGATIONAL TABLE OF FINNISH VERBS

This table contains the principal parts of the verbs which occur in the book. In verbs where the Singular 1st person is not commonly used, the Singular 3rd person form is provided (indicated by Sg.3rd).

Infinitive	*Present tense Singular 1st person*	*Past tense Singular 3rd person*	*Past participle*
ajaa	ajan	ajoi	ajanut
alkaa	alkaa (Sg.3rd)	alkoi	alkanut
antaa	annan	antoi	antanut
asua	asun	asui	asunut
ehtiä	ehdin	ehti	ehtinyt
elää	elän	eli	elänyt
haluta	haluan	halusi	halunnut
hiihtää	hiihdän	hiihti	hiihtänyt
huomata	huomaan	huomasi	huomannut
istua	istun	istui	istunut

APPENDIX 2: CONJUGATIONAL TABLE OF FINNISH VERBS *(Continued)*

Infinitive	*Present tense Singular 1st person*	*Past tense Singular 3rd person*	*Past participle*
jaksaa	jaksan	jaksoi	jaksanut
jatkaa	jatkan	jatkoi	jatkanut
jatkua	jatkuu (Sg.3rd)	jatkui	jatkunut
juhlia	juhlin	juhli	juhlinut
juoda	juon	joi	juonut
juosta	juoksen	juoksi	juossut
jutella	juttelen	jutteli	jutellut
jäädä	jään	jäi	jäänyt
kannattaa	kannattaa (Sg.3rd)	kannatti	kannattanut
kattaa	katan	kattoi	kattanut
kastua	kastun	kastui	kastunut
katsoa	katson	katsoi	katsonut
kelvata	kelpaan	kelpasi	kelvannut
kertoa	kerron	kertoi	kertonut
kestää	kestän	kesti	kestänyt
kiinnostaa	kiinnostan	kiinnosti	kiinnostanut
kirjoittaa	kirjoitan	kirjoitti	kirjoittanut

kokea	koen	koki	kokenut
kokeilla	kokeilen	kokeili	kokeillut
kutsua	kutsun	kutsui	kutsunut
kuulostaa	kuulostaa (Sg.3rd)	kuulosti	kuulostanut
kysyä	kysyn	kysyi	kysynyt
kävellä	kävelen	käveli	kävellyt
käydä	käyn	kävi	käynyt
laittaa	laitan	laittoi	laittanut
lukea	luen	luki	lukenut
lähteä	lähden	lähti	lähtenyt
löytää	löydän	löysi	löytänyt
maksaa	maksan	maksoi	maksanut
mennä	menen	meni	mennyt
muistaa	muistan	muisti	muistanut
nähdä	näen	näki	nähnyt
näkyä	näkyy (Sg.3rd)	näkyi	näkynyt
näyttää	näytän	näytti	näyttänyt
odottaa	odotan	odotti	odottanut
olla	olen	oli	ollut
opastaa	opastan	opasti	opastanut
opiskella	opiskelen	opiskeli	opiskellut
oppia	opin	oppi	oppinut
osata	osaan	osasi	osannut

APPENDIX 2: CONJUGATIONAL TABLE OF FINNISH VERBS *(Continued)*

Infinitive	*Present tense Singular 1st person*	*Past tense Singular 3rd person*	*Past participle*
ostaa	ostan	osti	ostanut
ottaa	otan	otti	ottanut
paistaa	paistan	paistoi	paistanut
palata	palaan	palasi	palannut
panna	panen	pani	pannut
pitää	pidän	piti	pitänyt
puhua	puhun	puhui	puhunut
pukeutua	pukeudun	pukeutui	pukeutunut
puuttua	puutun	puuttui	puuttunut
pyytää	pyydän	pyysi	pyytänyt
saada	saan	sai	saanut
saapua	saavun	saapui	saapunut
sanoa	sanon	sanoi	sanonut
sataa	sataa (Sg.3rd)	satoi	satanut
seisoa	seison	seisoi	seisonut
soida	soi (Sg.3rd)	soi	soinut
soittaa	soitan	soitti	soittanut
sopia	sopii (Sg.3rd)	sopi	sopinut

suositella	suosittelen	suositteli	suositellut
syödä	syön	söi	syönyt
sytyttää	sytytän	sytytti	sytyttänyt
tanssia	tanssin	tanssi	tanssinut
tapahtua	tapahtuu (Sg.3rd)	tapahtui	tapahtunut
tarkoittaa	tarkoitan	tarkoitti	tarkoittanut
tarvita	tarvitsen	tarvitsi	tarvinnut
tavata	tapaan	tapasi	tavannut
tietää	tiedän	tiesi	tiennyt
tulla	tulen	tuli	tullut
tuntea	tunnen	tunsi	tuntenut
tuoda	tuon	toi	tuonut
tutustua	tutustun	tutustui	tutustunut
täytyä	täytyy (Sg.3rd)	täytyi	täytynyt
uida	uin	ui	uinut
vaihtaa	vaihdan	vaihtoi	vaihtanut
valita	valitsen	valitsi	valinnut
vastata	vastaan	vastasi	vastannut
viedä	vien	vei	vienyt
viettää	vietän	vietti	viettänyt
viihtyä	viihdyn	viihtyi	viihtynyt
vuokrata	vuokraan	vuokrasi	vuokrannut
ymmärtää	ymmärrän	ymmärsi	ymmärtänyt
yrittää	yritän	yritti	yrittänyt

Finnish Interest Titles from Hippocrene Books

FINNISH-ENGLISH/ENGLISH-FINNISH DICTIONARY & PHRASEBOOK

Ville Kataja

5,000 entries • 200 pages • 3¾ x 7½ • 0-7818-0956-8 • $12.95pb • (314)

FINNISH-ENGLISH/ENGLISH-FINNISH CONCISE DICTIONARY

Aino Wuolle

12,000 entries • 300 pages • 4 x 6 • 0-87052-813-0 • $11.95pb • (142)

A TREASURY OF FINNISH LOVE POEMS, QUOTATIONS, & PROVERBS IN FINNISH AND ENGLISH

Börje Vähämäki, editor and translator

125 pages • 5 x 7 • 0-7818-0397-7 • $11.95hc • (118)

THE BEST OF FINNISH COOKING

Taimi Previdi

242 pages • 5½ x 8½ • 0-7818-0493-0 • $12.95pb • (601)

Other Scandinavian Titles

DANISH-ENGLISH/ENGLISH-DANISH DICTIONARY & PHRASEBOOK
Erna Maj
5,000 entries • 270 pages • 3⅘ x 7⅗ • 0-7818-0919-7 • $12.95pb • (168)

DANISH-ENGLISH/ENGLISH-DANISH PRACTICAL DICTIONARY
Marianne Holmen
32,000 entries • 601 pages • 4⅜ x 7 • 0-87052-823-8 • $16.95pb • (198)

BEGINNER'S NORWEGIAN
Laura Hanson
200 pages • 5½ x 8½ • 0-7818-1043-4 • $14.95pb • (637)

NORWEGIAN-ENGLISH/ENGLISH-NORWEGIAN DICTIONARY & PHRASEBOOK
Gill J. Holland
3,500 entries • 225 pages • 3¾ x 7½ • 0-7818-0955-X • $11.95pb • (415)

HIPPOCRENE CHILDREN'S ILLUSTRATED NORWEGIAN DICTIONARY ENGLISH-NORWEGIAN/NORWEGIAN-ENGLISH
94 pages • 8½ x 11 • 0-7818-0887-1 • $11.95pb • (165)